江苏省"十四五"时期重点图书出版专项规划项目

逻辑思维与语文教育

当代逻辑教育丛书

吴格明 著

南京师范大学出版社

图书在版编目(CIP)数据

逻辑思维与语文教育 / 吴格明著. —南京：南京师范大学出版社，2022.4（2025.9重印）
（当代逻辑教育丛书）
ISBN 978-7-5651-5017-3

Ⅰ.①逻… Ⅱ.①吴… Ⅲ.①语文课－教学研究－中小学 Ⅳ.①G633.302

中国版本图书馆CIP数据核字(2021)第230610号

书　　名	逻辑思维与语文教育
作　　者	吴格明
策　　划	姜爱萍
责任编辑	翟桂叶
出版发行	南京师范大学出版社
地　　址	江苏省南京市玄武区后宰门西村9号（邮编：210016）
电　　话	(025)83598919（总编办）　83598412（营销部）　83598009（邮购部）
网　　址	http://press.njnu.edu.cn
电子信箱	nspzbb@njnu.edu.cn
照　　排	南京开卷文化传媒有限公司
印　　刷	南京新世纪联盟印务有限公司
开　　本	718毫米×1000毫米　1/16
印　　张	9.75
字　　数	163千
版　　次	2022年4月第1版　2025年9月第3次印刷
书　　号	ISBN 978-7-5651-5017-3
定　　价	48.00元

出版人　张　鹏

南京师大版图书若有印装问题请与销售商调换

版权所有　侵犯必究

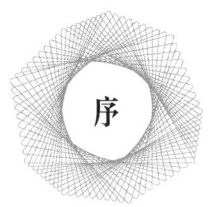

序

鲁迅当年谈到藤野先生帮助自己学医时说:"小而言之,是为中国,就是希望中国有新的医学;大而言之,是为学术,就是希望新的医学传到中国去。"讨论逻辑思维与语文教育的关系,可能也有一个立场的问题:是站在逻辑的立场上,还是站在语文的立场上? 我的回答是,既站在逻辑的立场上,又站在语文的立场上。也就是说,既为了语文,也为了逻辑。我既从事语文课程与教学论的教学与研究,也从事逻辑学的教学与研究。搞逻辑几十年,我深知逻辑是人类理性的基点,是人类文化的一个根,逻辑思维应当成为素质教育永恒的主题。搞语文几十年,我深知语文不能没有逻辑,逻辑应当是语文素养的内核。几十年来,我经常站在逻辑的立场看语文,发现语文对于培养学生的逻辑思维能力有得天独厚的优势。几十年来,我更多地站在语文的立场看逻辑,发现渗透逻辑思维的语文教学更深刻,更有活力。本书的结构和思路主要是从语文的立场看逻辑,是为语文求助于逻辑。

本世纪初,我曾在人民教育出版社出版过《逻辑思维与语文教学》一书(此书已售罄而成绝版)。现在又写《逻辑思维与语文教育》,这是不是炒冷饭? 不是。虽然两者的显著区别在于前者是从教学的层面谈逻辑,后者是从语文课程的层面谈逻辑,但更重要的是,20年前和现在的学术思想已不可同日而语。《逻辑思维与语文教学》一书是由张志公先生作序的。志公先生后期作序,往往是口授而由他人执笔,而《逻辑思维与语文教学》一书的序却仍是先生亲笔所写。这里还有一个学术花絮。据熊江平先生回忆,志公先生的签名,"志"字原先上面是

"土",可能是这样写好看。后来上面写"士",而这一转变正是从这篇序开始。

在这里回忆张志公先生为《逻辑思维与语文教学》所作的序,是因为志公先生在序中所表达的学术思想对于今天的语文教育和语文课程改革仍有指导意义。志公先生说:"逻辑性表现在两个方面:一是教学内容和这些内容的安排、组织以及教学的方式、方法,要合乎逻辑,而不是随意的;一是力求使学生学习语文的过程和培养逻辑思维能力密切结合起来。"

张志公先生的学术思想,现在已经成为语文课程标准的重要思想。2017版《普通高中语文课程标准》(2020年修订)提出了语文课程的四个核心素养:语言建构与应用、思维发展与提升、审美鉴赏与创造、文化理解与传承。在"思维发展与提升"中,倡导发展"思维的逻辑性",并且明确提出要引导学生学习"推理"。语文课程标准的进步是鲜明而坚实的。

重视逻辑,是当今世界文化发展的趋势和潮流。重视逻辑教育,重视学生的逻辑思维能力的培养,是当今世界教育发展的趋势和潮流。这是社会需要逻辑和逻辑学科应用转向双重作用的结果。

2019年,联合国教科文组织第40届会议在巴黎与国际哲学与人文科学理事会(CIPSH)一起宣布1月14日为世界逻辑日并发表报告。该报告认为:(1)思考能力是人类最显著的特征之一。在不同的文化中,对人类的定义都与意识、知识和理性等概念相关联。(2)尽管逻辑与知识、科学和技术的发展有着不可否认的相关性,但是公众对逻辑的重要性却知之甚少。联合国教科文组织同国际哲学与人文科学理事会一起联合宣布设立世界逻辑日,意在提请跨学科科学界和广大公众关注逻辑的思想史、概念意义和实际影响。(3)在全球范围内热烈庆祝每年一次的世界逻辑日,旨在促进国际合作,推动逻辑研究和教学的发展,支持各协会、大学和其他与逻辑有关的机构开展活动,并增进公众对逻辑和逻辑对科技与创新的影响的认识。

2020年1月14日,联合国教科文组织总干事奥德蕾·阿祖莱在第一个世界逻辑日致辞:

序

"因为担心失衡跌倒,我们的思想紧紧抓住逻辑这个扶手。"这一精辟的比喻摘自安德烈·纪德的小说《新粮》,它形象地概括了逻辑对于人类思想发展的重要作用。

逻辑是"逻各斯"(logos)的精髓,这个希腊词同时具有"话语""语言"和"推理"的意思,因此借用康德的定义,逻辑学是"一门详细阐释和严格证明所有思想的形式规则的科学"。

不论是从亚里士多德或欧几里得、莱布尼茨或斯宾诺莎的著述中,还是从中国墨家学派或印度正理学派的典籍中,我们都能看到,逻辑研究在思想史上一直吸引着数不胜数的哲学家和数学家。

逻辑之所以得到如此广泛的研究,也得益于并且可能主要得益于它具有诸多实际应用功能。逻辑在科学、工程学、认知心理学、语言学、传播学的发展中发挥了重要作用;逻辑作为创新的源泉,也切实推动了思想变革。

特别是在 21 世纪,对我们的社会和经济而言,逻辑学比以往任何时候都更为切合时宜且不可或缺。例如,计算机科学和信息与通信技术都来源于逻辑和算法推理。

人工智能前所未有的发展构成了一场技术革命乃至人类学革命,而人工智能本身就是一种基于逻辑推理的创新。当我们在使用人工智能软件,在启动一台计算机,或提出一个论断的时候,我们都是在与逻辑打交道。

我们被逻辑包围,但却很少意识到其存在——我们经常在不知不觉中应用逻辑。

世界逻辑日的设立,是为了纪念 20 世纪的两位逻辑学巨匠:库尔特·哥德尔,去世于 1978 年 1 月 14 日,其不完全性定理改变了 20 世纪逻辑研究的面貌;阿尔弗雷德·塔斯基,出生于 1901 年 1 月 14 日,其理论与哥德尔的理论形成了对话。

首个世界逻辑日到来之时,相关大学、研究机构、基金会和协会开展了多项倡议活动,探讨逻辑在21世纪的重要性和作用。

中国逻辑学会副会长兼秘书长(现为中国逻辑学会会长)杜国平教授撰文《逻辑,让世界更理性——庆祝世界逻辑日》说道:"在这个非常值得庆贺的世界性日子里,我们有必要再次重新认识逻辑的价值和功能。"他还特别提到"逻辑之于知识的奠基规范作用""逻辑之于消歧、社会的良序作用""逻辑之于科学的发轫创新作用"。

杜教授最后总结说:

> "苟日新,日日新,又日新",联合国教科文组织以1月14日作为世界逻辑日,祈盼人们在新的一年里能够更加理性,从而开启更加美好的新一年。
>
> 愿逻辑的光辉照彻世界,愿逻辑的光辉照彻每一个人的内心!愿逻辑越来越社会化,社会越来越逻辑化!愿人们遵循逻辑,澄清各种意见分歧,消除各种暴力纷争!共同推进世界文明进步,共同构建更加理性祥和的人类社会!

中国逻辑学会顺应世界文化的发展趋势,于2017年组建了逻辑教育专业委员会。逻辑教育专业委员会迄今已召开三届年会和多次学术论坛和其他学术活动。

2020年10月23日,教育部对十三届全国人大三次会议第2825号建议的答复中提道:"您提出的'关于在我国全民普及逻辑知识的建议'收悉,经商中国科协,现答复如下:加强逻辑知识教育,对于提升思维综合素养和创新能力,推进我国基础研究水平提升和创新型国家建设具有重要意义。近年来,教育部、中国科协采取一系列举措,加强逻辑知识教育,推动提升全民逻辑知识素养。"

2021年7月12日,教育部对政协第十三届全国委员会第四次会议第3164号(教育类203号)提案《关于在小学阶段开设逻辑思维课程的提案》的答复中提道:"从电话沟通中了解到,您十分关注语文学科对逻辑思维能力的培养问题。这一意见提得很中肯,现行的语文教学比较多地关注形象思维,对逻辑思维能力培养有些欠缺。目前教育部正在组织义务教育语文课程标准的修订,将思维发展与提升作为语文课程核心素养之一,要求语文课程教学注重在语言理解和运用中逐步发展学生思维的条理性、深刻性;同时设置了'思辨性阅读与表达'任务群,使学生学会'负责任、有中心、有条理、重证据地思考与表达'。"

教育部的答复表示,小学阶段是形象思维向抽象思维转变的关键期,从小学阶段加强逻辑思维教育,打牢人才基础,应对全球化竞争,具有重要意义。同时指出,受教师素质、传统教学观念等各方面因素的制约,小学生逻辑思维能力的培养还很不平衡,不少学校和教师对小学生的逻辑思维能力培养还不够重视,方法也欠科学,效果有待提升。教育部将在日后工作中持续关注加强对小学生逻辑思维能力的培养。

目前的部编高中语文必修教材特别设置了"逻辑的力量"单元。高中政治学科更是将"科学思维常识"课程调整为"逻辑与思维",突出了逻辑的重要地位。

南京师范大学出版社积极支持拙著《逻辑思维与语文教育》出版,也正是顺应了国际国内文化教育弘扬逻辑理性的趋势和潮流。愿拙著推动逻辑的普及。愿逻辑理性促进语文教育,愿语文教育克服浮躁与肤浅,走向深刻与从容。

张杨明

2021 年 12 月 20 日

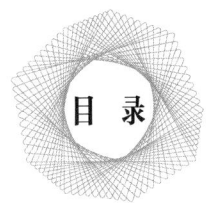

目 录

序

第一章 逻辑思维与素质教育

知识信念——人类何以需要逻辑? ………………………………………… 1

逻辑是人类文化的一个根 ………………………………………………… 2

逻辑是人类理性的基点 …………………………………………………… 3

逻辑是科学民主的共同基石 ……………………………………………… 4

逻辑是和谐社会的必要条件 ……………………………………………… 5

逻辑思维是不可或缺的文化素养 ………………………………………… 6

逻辑理性是教育永恒的主题 ……………………………………………… 7

当代教育更应当重视逻辑理性 …………………………………………… 9

我国的素质教育更应当重视逻辑理性 …………………………………… 10

逻辑思维与创新教育 ……………………………………………………… 11

批判性思维——培养优秀公民的最好教育 ……………………………… 13

第二章　逻辑思维与语文教育

语文教育培养逻辑思维具有得天独厚的条件 …………………… 15
逻辑理性是语文素养的灵魂 …………………………………………… 16
逻辑理性与语文课程目标 ……………………………………………… 16
语文课程改革不应淡化逻辑理性 …………………………………… 18
澄清关于逻辑的误解 …………………………………………………… 22
语文知识是理性的重要体现 …………………………………………… 24
语文课程标准倡导逻辑思维 …………………………………………… 25

第三章　语文课程需要逻辑知识

语文课程需要论证的知识 ……………………………………………… 26
语文课程需要推理的知识 ……………………………………………… 29
语文课程需要命题的知识 ……………………………………………… 30
语文课程需要概念的知识 ……………………………………………… 31
思维形式与语言形式 …………………………………………………… 32
易错的"和"与"或" …………………………………………………… 33
假言命题与托尔斯泰的名言 …………………………………………… 34
不能随意倒过来说的句子 ……………………………………………… 35
变项的取值组合与《巴黎圣母院》 …………………………………… 36
语文中的二难推理 ……………………………………………………… 37
三段论与鲁迅的小说 …………………………………………………… 38

第四章 语文教材的逻辑分析

理解课文需要逻辑思维 ……………………………………………… 40

理解课文需培养反思和质疑的习惯 …………………………………… 41

理解课文是阅读教学的基本任务 ……………………………………… 41

理解课文当深入到字里行间 …………………………………………… 42

重视逻辑分析并不意味着排斥情感熏陶 ……………………………… 42

梁启超《敬业与乐业》赏析 …………………………………………… 43

竺可桢《大自然的语言》赏析 ………………………………………… 46

王安石《游褒禅山记》赏析 …………………………………………… 50

一场经典生动的辩论赛——《两小儿辩日》的语文教育价值及其教育策略 … 53

第五章 语文教学的逻辑原则

言之成理——课堂对话的基本原则 …………………………………… 61

持之有故——忠实文本的教学规范 …………………………………… 62

质疑——引导思维的有效方法 ………………………………………… 63

望文生义的课例评析——一位语文教师的教学反思 ………………… 64

引导思维的典范课例——郭初阳执教《祖国啊,我亲爱的祖国》 …… 65

第六章 议论文写作的逻辑指导

表达是更积极的语言活动 ……………………………………………… 83

议论是最有魅力的表达 …………………………………… 84

议论对叙事的促进 ………………………………………… 85

以公民姿态，就公共事务，做理性表达 ………………… 85

学会公共说理 ……………………………………………… 86

罗伯特议事规则 …………………………………………… 87

"不要让孩子输在起跑线上"？ ………………………… 88

议论的价值坐标 …………………………………………… 89

拒绝无病呻吟 ……………………………………………… 89

议论的话语特质 …………………………………………… 91

议论须透过表象的迷雾 …………………………………… 92

讨论问题须考虑条件 ……………………………………… 93

读后感与文评 ……………………………………………… 94

文化碎片无助于议论能力的养成 ………………………… 94

命题作文重在审题 ………………………………………… 95

第七章　字里行间有逻辑

识字是小学语文第一要务 ………………………………… 97

字典释义影响学生思维发展 ……………………………… 98

《澄衷蒙学堂字课图说》与《新华字典》释义比较 …… 99

"江""河"不是形声字吗？ ……………………………… 99

副词"才"的语用色彩 …………………………………… 100

"幸亏"的逻辑 …………………………………………… 101

"难怪"的逻辑 …………………………………………… 101

"祥林嫂，你放着罢！"与"你放着罢，祥林嫂！" ········· 102
语言的常式与变式 ······························· 103
对话语用逻辑例说 ······························· 103
"除非……，才……"与"除非……，不……" ········· 104
"好容易"与"好不容易" ··························· 105
"美女就是坏女人"？ ······························ 105
"江河是鱼儿的家"不对吗？ ························ 106
可能世界与叙事逻辑 ····························· 106
"将传统文化融入语文教育"是一个伪命题 ············· 107

第八章 语言的逻辑分析——以媒体语言为例

这是一个媒体文化的时代 ························· 111
媒体文化时代需要公众媒介素养 ··················· 112
"有健康就有好生活"吗？ ·························· 112
"如果……，才……"是什么意思？ ·················· 113
两小儿的论证有道理吗？ ························· 113
同源等于同时吗？ ······························· 114
一次报刊逻辑语言病例征集活动 ··················· 114
教育机器人广告语质疑 ··························· 115
昆山——一个有戏的地方 ························· 118
公众人物语言艺术管窥 ··························· 118
疑问式标题的增加说明了什么？ ··················· 119
"心灵鸡汤"批判 ································· 119

关于多媒体教学 …………………………………………………………… 121

第九章　逻辑思维与语文教育研究

语文教育研究当立足教学实践 ………………………………………… 122
语文教学当老老实实引导学生解读课文——语文教学实践研究案例 ……… 123
学术论文是语文教育研究的基本方式 ………………………………… 130
凭什么否定"议论文三要素"？——学术论文研究案例 ………………… 130
优化语文教学思想是语文教育研究的核心 …………………………… 139
把握语文教育的本质 …………………………………………………… 139

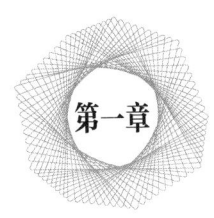

第一章

逻辑思维与素质教育

知识信念
——人类何以需要逻辑?

什么是逻辑?逻辑是用来干什么的?人类何以需要逻辑?这是我们谈论逻辑时,应当首先弄清楚的问题。

逻辑的根本价值在于知识信念的确立。也就是说,人们凭什么相信一句话、一个命题或一个思想是正确的?事实命题的判定,可以说眼见为实。可是价值命题的真假靠什么来判定呢?况且,事实命题也并非都能靠眼见为实来判定。每个人的生活时空都是有限的,那些没有亲自耳闻目睹的事情怎么办?再进一步,眼见也不一定为实,因为事物有假象,人类有错觉。这就是知识信念的确证问题。这一问题不解决,人类的认知就缺乏思想信念,人类也不可能进行卓有成效的思想交流。这是人类文化发展到一定阶段无法回避的问题。

亚里士多德的贡献就在于解决了人类文化进步所必须解决的这一难题,那就是靠逻辑推理来进行论证。亚里士多德从人类长期思维实践的经验中抽象整理出一些推理有效式。这些有效式具有保真的作用,即如果前提真,那么结论一定真。有了推理,就可以用来进行论证。推理的前提就是论证的论据,推理的结论就是论证的论题。例如:"铁是导体,因为金属是导体,而铁是金属。"这是一个典型的论证。"铁是导体"是论题,"金属是导体"和"铁是金属"是论据。这一论证是否成立,既要看这些论据是否真实,还要看论据是否能够证明论题,或者说论据是否能够推出论题。把论据作为前提,把论题作为结论,就构成了如下的推理:"金属是导体,铁是金属,所以,铁是导体。"这一推理是三段论的有效式,因此人们相信论据与论题之间具有"必然得出"的关系,或者说相信了上述论证。知识信念的根本就在于逻辑推理的保真性。人们从共识出发,得出具体的结论,思想交流得以进行。

  逻辑不仅有从前提到结论的保真性,而且有从结论到前提的保假性。也就是说,一个有效推理,如果结论虚假,那么必有虚假前提。例如:"金属不是导体,铁是金属,所以铁不是导体。"这是一个三段论推理的有效式。当人们发现"铁是导体"时,或者说发现"铁不是导体"的虚假性时,就可必然地知道"金属不是导体"和"铁是金属"两个前提中必有虚假命题,即可以说"金属不是导体"或"铁是金属"虚假。常识告诉我们,这里是大前提"金属不是导体"虚假。再如:"金属是导体,塑料是金属,所以塑料是导体。"当人们发现塑料不能导电时,或者说发现"塑料是导体"虚假时,就可以知道,"金属是导体"或"塑料是金属"虚假。常识告诉我们,这里是小前提"塑料是金属"虚假。应当说明的是,"有效推理的结论虚假,那么必有虚假前提"不等于"有效推理的结论虚假,那么前提虚假"。

  从前提到结论的保真性与从结论到前提的保假性,是一个事物的两面,实质是一回事。如果说从前提到结论的保真性可以帮助人们发现真理,那么从结论到前提的保假性可以帮助人们发现谬误。从一定的意义上说,发现谬误也许更有价值。发现真理,可以使人类认识的真理总和获得量增加;而发现并摒弃谬误,可以使人类所把握的真理系统提高真理度。

  逻辑从结论到前提的保假性,可以用于假说的证伪。假说的验证,是以假说为前提,构造有效推理,得出结论。当实践或实验中发现结论虚假,就可以证明假说不成立,或者说假说被证伪。证伪一个假说,人类探索真理的过程,就前进了一步。

逻辑是人类文化的一个根

  逻辑是人类长期思维实践最重要的经验总结和理论成果。逻辑的词源"逻各斯"在希腊语中含有"规律""秩序""尺度""关系""理性"等意义,都与人类的知识信念密切相关。同时,有效推理的保真性使得人们可以根据旧知推导出新知。恩格斯说:"形式逻辑首先是探寻新结果的方法,由已知到未知的方法。"任何一个学科都包含了一系列的概念和命题,概念与概念之间的关系,概念与命题之间的关系,命题与命题之间的关系,都是建立在严格的逻辑关系之上的。在西方语言中,诸如psychology(心理学)、geomorphology(地貌学)、zoology(动物学)的词尾logy都来源于"逻各斯"。逻辑是人类文化的一个根。有意思的是,"张力"的英文形式tension,是"内涵"(intension)和"外延"(extension)的共同词根。这就意味着,要把握某一事物的文化张力,就应当把握相关概念的内涵和外延。这就是逻辑内在的力量。

逻辑是人类理性的基点

"理性"这一概念是柏拉图提出的。亚里士多德说:"人是理性的动物。"梁漱溟用"理性——人类的特征"作为其《中国文化要义》一书第七章的标题,这一表达的意义即"理性是人类的特征"。人以外的动物是靠本能生活的,唯独人类有理性,可以超越本能。人的伟大,在于理性思维。帕斯卡尔说:"人是能思想的芦苇。"笛卡尔说:"我思故我在。"理性是对于本能的超越。这种超越,既是一种提升,也是一种解放。如果没有这种超越,人类只能生活在蒙昧状态。凭着这种超越,人类拥有语言,可以进行社会交流。凭着理性,人类制造和使用生产工具,创造科学技术,从根本上改变了人类与自然的关系,成为万物的灵长。凭着理性,人类有了社会契约,以此来调整人与人之间的关系。理性,是人类智慧的集中体现。

理性包括价值理性和工具理性。价值理性用以调整人们的价值观念,从而确立科学的、正确的、先进的、高尚的价值观,并指导人们在社会实践中进行正确的价值选择;工具理性用以指导人们进行正确有效的思维。价值理性和工具理性是相辅相成的。价值理性依靠工具理性和理性工具得以保证,对理性工具和工具理性的价值认定也是价值理性的必要组成部分。

逻辑正是人类不可或缺的理性工具,也是人类理性的基点。逻辑规律和规则是人类共同的思维法则。逻辑的意义不仅在于工具理性,还在于价值理性。其要义在于,只有经过论证的、经得起质疑的思想才是正确的、合理的。任何思想都没有受到质疑的豁免权,任何思想都有为自己辩护的权利。张建军教授等指出:"任何'理性'的界说都必定以人的推理与论证能力为本质要素,换言之,其根基都在于逻辑。"①美国哲学家和逻辑学家科恩作出了更具体的说明:"一般来说,我们可以接受古代即已规定的尺度。一个有理性的人,至少应该具备两种能力:(1)设想一种计划或掌握判断或行动规则的能力,(2)在具体情况下运用这一规则,或按照行动计划办事的能力。由于在民主中,这些规划打算都是在人与人之间起作用的,我们可以增加一点,(3)清楚表达思想,与人讲理的能力。"②波普尔则解释得更加清楚:"我所称的合乎理性的态度可以这样来表征:'我认为我是正确的,但我可能是错的,而你可能是正确的,不管怎样,让我们进行讨论罢,因为这样比各自仅仅坚持认为自己正确可能更接近于正确的理解。'"③

正因为如此,人们经常用"逻辑理性"这一术语来强调逻辑的理性价值或人类理性中逻辑的基础地位。

逻辑是科学民主的共同基石

逻辑的社会价值特别体现在对于科学和民主的支撑作用。逻辑对于知识信念的特殊价值使其成为科学和民主的共同基石。科学是离不开逻辑的。黑格尔说:"每一门科学都是应用逻辑。"④1953年,爱因斯坦在致斯威策的信中说:"西方科学的发展是以两个伟大的成就为基础的:希腊哲学家发明形式逻辑体系(在欧几里得几何学中),以及(在文艺复兴时期)发现通过系统的实验可能找出因果关系。"⑤

民主同样离不开逻辑。真正的民主既不是"少数人说了算",也不是简单的

---

① 王习胜,张建军.走近"逻先生"——逻辑、社会与人生[M].北京:北京大学出版社,2020:导言.
② [美]科恩.论民主[M].聂崇信,朱秀贤,译.北京:商务印书馆,1988:59.
③ [英]卡尔·波普尔.猜想与反驳:科学知识的增长[M].傅季重,等译.杭州:中国美术学院出版社,2003:453.
④ [德]黑格尔.逻辑学(下卷)[M].杨一之,译.北京:商务印书馆,2017:455.
⑤ [美]爱因斯坦.爱因斯坦文集(第一卷)[M].许良英,等编译.北京:商务印书馆,2017:772.

"多数人说了算",因为简单的"多数人说了算",很可能造成"多数人暴力"。真正的民主是公众在充分论证甚至充分辩论的基础上进行社会决策。而论证或辩论就必须运用逻辑推理,就必须合乎逻辑规则。20世纪影响最大的逻辑学教材《逻辑学导论》的作者柯匹指出:"当前,民主的理念已得到几近普遍的拥护,而要使之付诸实践,社会公民须能有效地参与到公共事务中来。而要实现这种有效参与,就要求公民能够正确评估我们的领导人或候选领导人的不同主张。因此,民主的成功乃依赖于公民做出可靠判断的能力,从而也就依赖于人们合理地评估证据与各种论证的能力。可见,逻辑不仅对于促进我们个人目标的实现,而且对于促进我们与他人分享的民主目标的实现,都是至关重要的。"①

而科学和民主的共同基石则是逻辑理性。张建军教授曾经在《人民日报》撰文指出:"在'德先生'与'赛先生'的旗帜在我国飘扬了近一个世纪之后,我们应该真正重视'逻先生',在国民教育体系中加大健全逻辑意识和逻辑思维素养的培育,使之成为新世纪营造与社会主义市场经济发展相适应的良性文化环境的重要内容。"②在《逻辑的社会功能》一书中,张教授进一步发展了这一思想:"这样看来,'五四'运动所引进的'德先生'和'赛先生'是需要有共同的思维基础支撑的,这个基础就是逻辑理性和逻辑精神('逻先生')。'橘生淮南则为橘,生于淮北则为枳,叶徒相似,其实味不同。所以然者何?水土异也。'同样,没有必要的逻辑理性为基础,徒具形式和外表,'德先生'和'赛先生'是不可能在中华大地上生根、开花、结果的。"③

逻辑是和谐社会的必要条件

一个和谐进步的社会必须是合乎逻辑的社会。苏格拉底早就说过:"未经审视的生活是不值得过的。"美国《独立宣言》起草人托马斯·杰弗逊说:"在一个共和国,由于公民所接受的是理性与说服力而不是暴力的引导,推理的艺术就是最

---

① [美]欧文·M.柯匹,卡尔·科恩.逻辑学导论(第11版)[M].张建军,等译.北京:中国人民大学出版社,2007:前言.
② 张建军.真正重视"逻先生"——简论逻辑学的三重学科性质.人民日报,2002-01-12.
③ 王习胜,张建军.逻辑的社会功能[M].北京:北京大学出版社,2010:导言.

重要的。"①近几十年来许多有识之士倡导的批判性思维,其核心正是逻辑理性。多拉·豪维尔指出:"批判性思维和创造性思维是推动知识社会前进的主要动力。"②比赛亚·伯林指出:"如果不对假定的前提进行检验,将它们束之高阁,社会就会陷入僵化,信仰就会变成教条,想象就会变得呆滞,智慧就会陷入贫乏。社会如果躺在无人质疑的教条的温床上睡大觉,就有可能渐渐烂掉。要激励想象,运用智慧,防止精神生活陷入贫瘠,要使对真理的追求(或者对正义的追求,对自我实现的追求)持之以恒,就必须对假设质疑,向前提挑战,至少应做到足以推动社会前进的水平。"③社会学家萨姆纳则说:"思维的批判性习惯要成为社会的常规,必须遍及其所有风俗,因为它是对付生活难题的一个方法。……它是人类福祉的一个根本条件,……它是我们反对错觉、欺骗、迷信以及误解我们自己和现世环境的唯一保证。"④以缜密思考见长的张建军教授在《逻辑的社会功能》一书的"导言"中满怀深情地说:"当逻辑研究在维护其阳春白雪的清高的同时也能兼顾下里巴人的日常生活,当社会成员能够普遍受到逻辑理性的熏陶而开始讲'逻辑',当逻辑精神能够深入国民之心而蔚然成风,当逻辑理性能够真正规范人们的社会行为,那只在暮色渐浓的黄昏中开始飞翔的密涅瓦的猫头鹰,带给这个社会的将不仅是自由、开放、民主和科学,也将是有序、和谐和繁荣。"⑤(黑格尔用"密涅瓦的猫头鹰在黄昏中起飞"来比喻哲学思考。在黑格尔看来,哲学的思辨之光就像密涅瓦的猫头鹰一样,它不是在晨曦中迎旭日而飞,也不是在午后的蓝天白云间自由地飞翔,而只是在黄昏降临的时候才悄然起飞。)

逻辑思维是不可或缺的文化素养

逻辑在人类文化和社会生活中的特殊意义,使得逻辑思维成为每一个社会

---

① [美]欧文·M.柯匹,卡尔·科恩.逻辑学导论(第 11 版)[M].张建军,等译.北京:中国人民大学出版社,2007:前言.
② [美]多拉·豪维尔.批判性思维和创造性思维——推动知识社会前进的主要动力[J].王爽,译.全球教育展望,2001(12):1-4.
③ [英]布莱恩·麦基.思想家:与十五位杰出哲学家的对话(第二版)[M].周穗明,等译.北京:生活·读书·新知三联书店,2004:3.
④ 武宏志,刘春杰.批判性思维——以论证逻辑为工具[M].西安:陕西人民出版社,2005:1.
⑤ 王习胜,张建军.逻辑的社会功能[M].北京:北京大学出版社,2010:导言.

个体最重要的、不可或缺的文化素养。在人的各种素质中,思维素质是最重要的素质。因为人是思维的动物,思维素质具有本质的意义。凡事只有想好了,想对了,才能做好;想错了,就做不成,或者把事情办糟。中国古代的寓言《执竿入城》典型地说明了这个道理。本来,竹竿至少有三种状态:或左右横向,或上下竖向,或前后纵向。对于城门而言,如果说左右横向和上下竖向是一条线的话,那么前后纵向却只是一个点,无论多长的竹竿也能顺利入城。而执竿者没有想到前后纵向这种状态,因而就进不去。

人人都在思维,但思维素质不同。思维有正确与错误之分,有严密与粗疏之别,有开阔与狭隘之差,有敏捷与迟钝之异。而良好的思维素质离不开逻辑。逻辑是每个人思考问题和与他人交流、与社会对话的基本规范。逻辑素养较差的人,其生存质量和社会价值是大打折扣的。俗话说"宁跟明白人吵一架,不跟糊涂人说句话",也是此理。

辩证思维也不能背离形式逻辑。辩证思维是对事物各个侧面的统一认识,是对事物各个局部的综合认识,是对事物各个阶段的整体认识。但这种统一认识、综合认识、整体认识是建立在各个侧面、各个局部、各个阶段的逻辑分析的基础之上的。例如,"失败乃成功之母"是辩证思维,但失败之所以能转化为成功,离不开对失败原因和成功条件的逻辑分析。

逻辑理性是教育永恒的主题

上述论证的必然结果是,素质教育必须重视培养和发展受教育者的思维素质,特别是逻辑思维的素质。培植人类理性,逻辑教育应当成为素质教育的重要内容甚至是核心内容。素质教育重过程、重学习能力的特征都可以进一步说明逻辑思维的重要性。许多学者已经指出,应试教育与素质教育的一个显著区别在于,前者重知识,重结果,后者重探索知识的过程,注重引导学生自己去发现真理。而这个探索和发现的过程正是思维的过程,主要是逻辑思维的过程。素质教育也特别强调学习方法和学习能力的培养。其实,学习方法主要是逻辑思维的方法,学习能力主要是逻辑思维的能力。从理论上说,学习心理学的权威,美国教育家布鲁纳的"概念获得理论"中的"上位迁移""下位迁移""关系迁移",其实都是逻辑思维。从实践上看,北京师范大学的一项调查表明,凡是在入学时逻辑思维素养较好的学生,在以后的学习中都发展得较快较好。例如,中国逻辑与语言函授大学的学员毕业后多数在工作中成绩斐然。他们的共同体会是,逻辑给了他们智慧和力量,给了他们腾飞的翅膀。

我们说理性是人类的本质特征,并不意味着每个人都天然地具有逻辑理性,而只是具有发展逻辑理性的基因。正如语言是人类的特征,但每个人都需要学习语言那样,每个人都需要培养和发展逻辑理性。培根的话很能说明逻辑理性培养的必要性:"人们对事物的理解并不是那么公正且富有理性的,而是要受到强烈的主观愿望和个人感情的影响。从这个角度来说,科学可以被称作'某人所期望的科学'。一个人更愿意相信他所倾向的东西,而不是真理。因此,他因为缺乏研究的耐心而排斥困难的东西;因为目光短浅而排斥神圣的东西;因为迷信而排斥大自然中深奥的东西;因为傲慢和自大而排斥经验的启示;因为顺从无知的平民的意愿而排斥未被普遍认可的东西。简而言之,个人感情会通过种种途径,而且有时是令人难以察觉地,影响人们对事物的理解。"[①]

逻辑教育对人的培养发展的意义不仅在于智力因素,更在于非智力因素。人们总是"真善美"并提,其中"真"是第一位的,"真"是基础,是根本。逻辑思维所孕育和涵养的对真理的崇敬与追求,是最高尚的人格。逻辑教育不仅能够提高智商,也能够提高情商。具有逻辑自觉的人,因其经常的质疑和反思而不会盲目地人云亦云,不会迷信权威。他们的价值选择更倾向求真,而不崇拜权力;他们有一种精神独立,而不喜欢人身依附。这是高尚的人格所必不可少的内涵。这样的人不会容忍"指鹿为马",不会相信"句句是真理"。这样的人才能在暂时少数的情况下仍然坚持真理。

社会学家萨姆纳说,以人类理性为灵魂的"批判性能力教育是唯一真正称得上培养好公民的教育"。陶行知先生说得好:"千教万教教人求真,千学万学学做真人。"而离开了逻辑理性,"求真"和"真人"都将落空。我们真的要搞素质教育吗?那么,我们就应当把逻辑理性作为重要的教育目标。这也应当是教育改革

[①] [美]卡尔·萨根.魔鬼出没的世界:科学,照亮黑暗的蜡烛[M].李大光,译.海口:海南出版社,2015:205.

和课程改革的题中应有之义。罗素见到英国课本说打败拿破仑是英国人之力而德国课本说打败拿破仑是德国人之力,就主张让学生对照看这两种课本。有人担心会使学生无所适从,罗素却说:"能够使学生不盲信,教育就成功了。"这种深刻的教育思想,已经成为发达国家教育界的共识并引导了普遍的教育行为。联合国教科文组织曾邀请全球500多位教育家列出他们心目中最重要的教育目标,在他们列出的16项教育目标中,以逻辑理性为灵魂的"批判性思维能力"居第二位。正因为这样,批判性思维在20世纪40年代被用于标示美国教育改革的一个主题,在70年代成为美国教育改革的焦点,在80年代成为美国教育改革的核心概念。

温家宝2009年到北京三十五中调研时说:"我上学时最大的收获在于逻辑思维训练,至今受益不浅。"2010年,他在"素质教育与逻辑思维论坛纪要"上批示:"我赞成逻辑思维是素质教育的重要组成部分,应予以重视。"

当代教育更应当重视逻辑理性

逻辑理性也是当代社会发展的需要。

从经济的角度看,我们的时代是知识经济初露端倪的时代。知识经济崇尚的是知识的整合与创新。其关键在于能够善于把握知识之间的联系,而这恰恰依赖于流动的、深刻的理性思维。

从政治的角度看,我们的时代,是民主和法制建设不断推进的时代。而民主与法制建设的核心就应是公众的逻辑理性教育。将逻辑理性作为素质教育的重要内容,正是为了未来社会公众的良好逻辑理性素养。

从文化的角度看,我们的时代是信息时代。信息并非都是真实的,正确的,有价值的。面对铺天盖地涌来的信息,人们必须筛选。要善于筛选信息,就必须具有批判性思维,进行理性的反思和质疑。

我们的时代也是媒体文化的时代。媒体文化时代需要社会公众具有良好的媒介文化素养。媒介文化素养绝不仅仅是技术层面的使用方法,最重要的素养就是质疑和反思的理性精神。因为媒体由于商业利益的追求,并不总是代表百姓的利益,并不总是代表社会文化的正确方向和先进的价值观念,也并不总是说真话。

我们的时代，又是一个浅阅读时代，一个娱乐文化时代。什么《春光灿烂猪八戒》《欢天喜地七仙女》，各种各样的"戏说"和无厘头故事充斥屏幕、网络。宣传进化论的赫胥黎的孙子——小赫胥黎一百年前在《奇妙的新世界》一书中所预言的娱乐时代正在成为现实："人们只知道笑，却不再思考，并且不知道为什么不再思考。"甚至，人们的笑也不是由衷的，而是"搞笑"。人们甚至懒得笑，否则那么多的所谓情景剧，会以画外的笑声来充当喜剧效果？人们也懒得鼓掌，许多演出不是以摇动塑料手掌来代替鼓掌吗？美国纽约大学尼尔·波兹曼教授《娱乐至死》一书的封面是几个没有脑袋的一家人坐在电视机前，其寓意鲜明、深刻。面对这样的浅阅读和娱乐文化盛行的社会，我们的教育不应当让我们的孩子们有一点儿深刻理性吗？要不，谁来思考人类的终极关怀，谁来主张社会的公平正义？要不，人们还能清醒地生活吗？

我国的素质教育更应当重视逻辑理性

逻辑理性既是时代精神的需要，更是我们民族文化发展的需要，是我国素质教育的需要。在我们的民族文化土壤中，逻辑理性精神的积淀相对匮乏。我们经常批评的迷信、愚昧、盲目，不尊重客观规律，以感情代替政策，以人治代替法治等消极现象正是这种逻辑理性精神相对匮乏的文化特征的反映。这种理性相对匮乏的历史原因在于汉代"罢黜百家，独尊儒术"。中国、印度、希腊是逻辑学的三大源头。然而，当亚里士多德的逻辑学在欧洲不断发展的时候，我们国家却在汉代罢黜百家，罢黜了当时称为名学和辨学的逻辑学。唐玄奘西天取经，在印度学了很多叫作"因明"的逻辑并带回中国，然而其传播限于佛场之内，对社会影响不大。直到近代启蒙思想家严复将英国逻辑学家穆勒的《逻辑体系》翻译为《穆勒名学》，中国的知识界才开始接受西方逻辑学。直到五四运动，中国才真正得到了理性精神的启蒙，科学和民主正是理性精神的两面大旗。

王小波在《思维的乐趣》一文中三次批判汉代的"废黜百家，独尊儒术"："我认为我们国家在'废黜百家，独尊儒术'之后，就丧失了很多机会。"其实，罢黜百家的最大罪过就在于罢黜逻辑。

王习胜、张建军《逻辑的社会功能》介绍了某本书的研究与发现："中国历史上十几次大的改朝换代都成功了,而十几次大的改革却大都失败了。"该书作者将这种现象归因于:"国人……拙于以理性探索见长的制度创新。"①

教育改革中逻辑理性的缺失还与整个社会文化心态相关。季羡林先生说:"21世纪是东方文化的世代。"这一缺乏论证的命题反映了一种盲目的民族自尊。程仲棠先生批评说:"与某'大师'所谓'西方形而上学的分析已快走到尽头,而东方的寻求整体的综合必将取而代之'的无稽之谈相反,中国的现代文化必须发展分析思维,分析思维有无穷尽的生命力,没有分析就没有科学,脱离了分析,'寻求整体的综合'不免成为梦呓。"②程先生的批评是正确的,代表了逻辑界对社会文化偏向的积极匡正。

逻辑思维与创新教育

把培养创新精神和创造能力作为素质教育的重点,这是时代的要求,也是历史的必然。然而,有人认为创新与逻辑没有什么关系,甚至认为两者水火不容。这种观点影响了许多人,在相当大的程度上动摇了逻辑教育在素质教育中的应有地位,甚至产生了抵触逻辑的盲目情绪。这是十分遗憾的事情。认为逻辑思维阻碍创新,这实在是一种误解。其实,阻碍创新的不是逻辑推理,而往往是作为推理前提的某个错误命题和与之相应的错误观念。逻辑正可以帮助人们认识某种错误观念之所以错误的原因,从而提出正确的命题,建立正确的观念。逻辑思维与创新有着密切的联系。逻辑不仅具有从前提到结论的保真性,而且具有从结论到前提的保假性:如果推理形式正确,那么,如果结论虚假,就一定有虚假前提。

任何创新都必须遵循客观规律和逻辑法则,违反逻辑不可能有任何真正的创新。人们或许记得大发明家爱迪生教育青年的故事。有一位青年想到爱迪生的实验室去工作,并对大发明家谈了自己的宏伟抱负:发明一种万能溶液。爱迪生立刻问道:"那么你用什么东西来盛着它呢?"显然,这位青年的思想有着不可

---

① 王习胜,张建军.走近"逻先生"——逻辑、社会与人生[M].北京:北京大学出版社,2020:导言.
② 程仲棠.《墨经》的语言分析[J].广东社会科学,2005(4):95-101.

克服的逻辑矛盾。如果不是爱迪生以其敏锐的逻辑思维揭露这个矛盾,这位青年得白白浪费多少精力?甚至终其一生,留下的也只能是遗憾。

创新都是建立在现实基础之上的,因此创新与批判是一对孪生兄弟。真正的创新往往是从批判开始的。只有当人们认识到旧的或者现有的事物的缺憾时,才能萌发创新的意念和思想。只有当人们希望改变现实的缺憾时,才会产生创新的动力。离开了对现实的批判,创新就成了海市蜃楼。而批判性思维的灵魂正是逻辑理性。马克思的科学社会主义理论就是建立在对资本主义社会矛盾的逻辑批判基础之上的。伽利略的自由落体实验也是源于对旧有理论的逻辑批判。

在创新的过程中,逻辑不仅有护航的作用,更有导航的作用。逻辑能够为创新提供思维方法,拓展思维空间,畅通思维渠道,提高思维效率。20世纪最伟大的创新——爱因斯坦的相对论正是演绎思维的成果。狄拉克提出反粒子学说,不是因为发现了反粒子,而是因为爱因斯坦的方程有一个负解。门捷列夫的元素周期律是归纳思维的结晶。类比思维的创新更加丰富多彩:鲁班的锯、奥恩布鲁格的叩诊法、哈维的血液循环学说等,真可谓俯拾皆是。

如果说归纳思维和类比思维的创新意义比较容易被人们接受的话,那么,对逻辑的指责往往集中于演绎思维,因为演绎思维被认为是从一般到个别的思维,而个别性的结论被认为没有超出前提的范围而未能带来新知。这里有许多理论误区需要指出。首先,应当区别显性认识和隐性认识。我们承认个别事物具有某种属性,客观上的确由一般事物具有某种属性所涵盖着。但并不等于说,个别事物具有某种属性已经成为一种明朗的、明确的认识。这里存在着隐性认识与显性认识的区别。当人们用演绎推理从一般性前提得出个别性结论的时候,实际上是将某种隐性认识转化为显性认识,而这种显性认识是新的。其次,应当区别人类总体认识与个体认识。人类的总体认识与某个个体的认识同样是有区别的,人类总体的认识并不一定已经成为某一个体的认识,而且必然不是每一个个体的认识。(否则,教育便失去了意义,因为教育的主要任务就是使人类已经获得的认识成为学生个体的认识。)尽管对于人类整体来说,某个一般性命题和相关的个别性命题是已知,而对某个个体来说,可能某个一般性命题是已知而个别性命题是未知。而当该个体从一般性命题推出个别性命题时,他就是靠演绎推理获得了新知。创新思维在本质上是由个体进行的,因此我们在讨论演绎推理能否获得新知时,更应当着眼于个体。更重要的是,演绎思维并不一定表现为从一般到个别。现代逻辑的形式推演往往分不清也没有必要分清哪个是一般性命题,哪个是个别性命题。尽管结论也是从前提必然地得出的,可谁又能说这个结论不是新知呢?

批判性思维
——培养优秀公民的最好教育

"批判性思维"已经成为这个时代的重要文化概念。互联网上与"批判性思维"相关的条目数以万计,其英文形式 critical thinking 的相关条目数以百万计。

批判性思维的本质是反思。麦克佩克说:"批判性思维是一种反思的倾向和技巧。"恩尼斯说:"批判性思维是聚焦于'决定相信什么和做什么'的理性的、反思性的思维。"批判性思维的源头可以追溯到美国教育家杜威。他在《我们怎样思维》说:"对于任何信念或假设性的知识,按照其所依据的基础和进一步导出的结论,去进行主动的、持续的和周密的思考,就形成了反省思维。"[①]更古老的源头可以追溯到苏格拉底的"精神助产术"。批判性思维的起点是质疑。要反思,就必须质疑,悬置判断。马克思的格言是"怀疑一切"。丘吉尔说:"当我们不会质疑,骗子便产生了。"哈佛大学校长在开学典礼上致辞:"教育的根本目标就是要确保学生能辨别这个世界上有人在胡说八道。"批判性思维的灵魂是人类理性。只有人类才能反思,才能将思想作为思想的对象。合理怀疑,合理置信,归根结底是人类理性。批判性思维的要义在于:任何思想都没有受到质疑的豁免权。同时,任何思想都有为自己辩护的权利。批判性思维的主要内容是论证的评估和重构。因此以研究推理为主要内容的逻辑就成了批判性思维的核心。

越来越多的人认识到,批判性思维是和谐社会民主精神和科学精神不可或缺的基础。特别是在教育领域,批判性思维的价值日益彰显。甚至被认为是"21

---

① 约翰·杜威.我们怎样思维·经验与教育[M].姜文闵,译.北京:人民教育出版社,1991:6.

世纪最重要的能力"。萨姆纳说得更为深刻:"批判性能力教育是唯一真正称得上是培养好公民的教育。"联合国教科文组织曾邀请全球500多位教育家列出他们心目中最重要的教育目标,在他们列出的16项教育目标中,"批判性思维能力"居第二位。20世纪40年代,批判性思维成为美国教育改革的一个主题。70年代,批判性思维成为美国教育改革的焦点。80年代,批判性思维成为美国教育改革的核心概念。批判性思维已经或正在成为当代教育的重要主题。

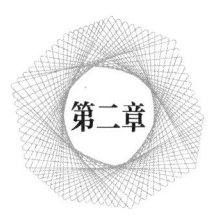

第二章

逻辑思维与语文教育

语文教育培养逻辑思维具有得天独厚的条件

语文教育必须重视逻辑思维的培养,高扬人类理性精神。因为,语文既需要逻辑思维,又有培养逻辑思维的可能。"需要"与"可能"是分析事物之间关系的基本思路。

按照叶圣陶先生的解释,口头为语,书面为文,"语文"就是语言。语言与思维互为表里,语言是思维的载体。语言单位与思维单位相对应,概念用语词表达,命题用语句表达,推理用复句或句群表达。一个人的思维素养在相当程度上表现为语言素养。一个词汇贫乏的人,其思维不可能是丰富的。知道"草绿""墨绿""葱心绿"的人,比只知道"绿色"的人思维更丰富,知道"色调""色泽",比只知道"颜色"的人思维更有深度。

语言也是人类理性的表现。语言是符号,不是征候。征候与事物之间有必然联系,动物可以识别,如万木萧条而大雁南飞。语言符号与其所指之间没有必然联系,是约定俗成的,唯人类理性方能把握。马克思说:"语言是思想的直接现实。"离开了思想,语言就成了僵死的躯壳。

语文教育培养逻辑思维的条件是得天独厚的。语文教材的一篇篇课文所展示的各种各样的生活情境,为思维活动特别是逻辑思维创造了广阔、丰富而生动的思维空间。

逻辑理性是语文素养的灵魂

语文课程本身需要逻辑思维,离不开逻辑思维。逻辑思维应当是语文素养的核心。其理由同样在于语言与思维的密切关系。既然语言与思维互为表里,任何语言活动在本质上都是思维活动。语文的基本能力就是听说读写,听和读是通过语言获取别人的思想,说和写是通过语言表达自己的思想。正如洪宗礼先生所说:"如果把听说读写比作四盏灯,那么,'想'可以说是一个总开关。只有打开'想'这个总开关,听说读写这四盏灯才能大放异彩。"①因此,没有良好的思维素养,也就不可能有良好的语言素养。理性是语文素养的深刻内涵或者干脆说是灵魂。离开了理性的深刻内涵,一个人的语文素养必定是零散的,甚至是凌乱的、肤浅的、机械的,甚至是呆滞的,没有生机活力。因而,发展思维就成了语文课程的重要目标。思维能力与语言能力在宏观上的同步发展,也是母语教育的一个鲜明特点。外语或曰第二语言的学习往往是在一个人思维能力发展到相当水平时开始的。而在母语学习中,语言能力和思维能力在相当程度上是相伴相随、互相促进的。思维的发展产生语言发展的需要,推动语言的发展,语言的发展又反过来刺激和促进思维的发展。

语文课程改革应当理直气壮地、旗帜鲜明地高扬理性精神。课堂教学应当引导学生仔细阅读文本,认真解读文本。讨论应倡导言之成理,持之有故。应当积极地倡导质疑和反思,从而使学生的语文素养更加全面,更有生命力,使我们的语文教育由肤浅走向深刻,由浮躁走向从容。

逻辑理性与语文课程目标

(一) 逻辑理性与三维目标

语文课程目标是按照知识与能力、过程与方法、情感态度与价值观三个维度

---

① 洪宗礼."想"是一个总开关——在写作教学中发展学生思维能力[J].语文教学论坛,1985(6):9-15.

设计的。因此,我们不妨从这样三个维度来分析理性与语文课程目标的关系。

1. 理性和知识与能力

知识是人类探求事物规律的成果或结晶,契合事物规律的知识便是真理。知识通常以概念、命题等思维形式和范畴体系表现自身的存在。语言在本质上是理性的,因而语文知识更具有理性特征。

能力,从一般的意义上说,似乎与理性没有直接关系,但是语文能力则与理性密切相关。听说读写的语文活动都是思维活动,因此听说读写的语文能力都离不开理性。

在语文课程中,人们强调语感,这是对的。然而对语言的感悟能力同样离不开理性。何况,学校语文教育的意义就在于通过理性包括语言知识的指导提高培养语感的效率。如果让学生像古人那样,像学校外面的人那样在盲目摸索中培养语感,也就失去了学校教育的意义和语文教育的意义。

2. 理性和过程与方法

重视过程与方法,是 21 世纪初语文课程标准和语文课程改革的进步。

过程与结果相对而言。重视过程,就是重视学习过程中的感悟和理解。所谓理解,就是理性的分析。感悟同样离不开理性。所谓感悟,就是从感性认识向理性认识的飞跃。

方法是人们解决思想、说话、行动问题的路径和程序。方法的意义在于它的普适性,因为正确的方法蕴含了事物的规律。因此,方法本身就渗透着理性,或者干脆说,方法就是理性的,更何况语文课程中的听说读写的方法、学习语文的方法和运用语文的方法由于语言的本质特征而更是理性的。

3. 理性和情感态度与价值观

态度,是对事情的看法以及所采取的行动。其中的"看法",就说明了态度的理性特征,因为看法就是人们对事物的见解。《义务教育语文课程标准(2011年版)》在课程目标中强调"实事求是、崇尚真知的科学态度"。科学态度是和理性精神相一致的,反对主观随意,反对情绪化,反对以个人好恶干扰求真务实。

价值观,是社会成员用来评价行为、事物以及从各种可能的目标中选择自己合意目标的准则。价值观的社会性决定了其理性特征,缺失人类理性的价值观只能是狭隘的、低层次的价值观。

三维目标中,情感似乎与理性无关。其实不然。梁漱溟先生明确指出:"理性、理智为心思作用之两面;知的一面曰理智,情的一面曰理性。"他举例说:"譬如计算数目,计算之心是理智,而求正确之心便是理性。数目算错了,不容自昧,就是一极有力的感情,这一感情是无私的,不是为了什么生活问题。"①

综上所述,语文课程的每一维度的目标均离不开理性。至少我们可以说,理性在语文课程目标中具有十分重要的价值。只有清醒地认识理性在语文课程目标中的价值,我们才能自觉地达成这些目标。对理性的任何误解,对理性的盲目排斥,必将干扰语文课程改革的健康发展,必将降低语文教育的质量和效率。

(二) 逻辑理性与语文核心素养

2017版《普通高中语文课程标准》(2020年修订)提出了语文课程的学科核心素养:语言建构与应用、思维发展与提升、审美鉴赏与创造、文化传承与理解。逻辑思维与这些核心素养均有密切关系。这里直接将"思维发展与提升"作为语文核心素养提出,并在其中倡导培养学生的逻辑思维。语言与思维互为表里,语言的建构离不开思维的建构。语言的应用,离不开思维活动特别是逻辑思维活动。语法结构本质就是语言单位之间的逻辑关系。词汇的积累蕴含着概念的丰富和思维的发展。语音的把握,既有感性的体验,也有思维的理性分析。审美是感性与理性的统一,一个"审"字鲜明地表现了审美的理性思辨色彩,离开了理性思辨的审美只能是肤浅和狭隘的。文化传承与理解,"理解"的前提就是理性分析。总之,离开了理性思维特别是逻辑思维,语文就是一堆僵死的词句和文化碎片。

语文课程改革不应淡化逻辑理性

我们也要看到,语文课程改革一度存在着淡化甚至排斥逻辑理性的盲目情

---

① 梁漱溟.中国文化要义[M].上海:上海人民出版社,2011:121.

绪,这种盲目情绪成为语文课程改革健康发展的障碍。有人以人文性来否定工具性,以个性来否定共性和普遍规律,以感悟和体验来反对理解,以教育艺术来反对教育科学,并且认为艺术是只可意会不可言传的神秘的东西。其结果是本来就薄弱的理性在语文教学中更加薄弱。这种对理性倾向的淡化,是有多方面原因的,主要分析如下。

1. 对语文课程改革之前的语文教育反思不够

任何改革都是针对现状的,都是为了克服现状的弊端。如果不能清醒地认识课程改革之前语文教学的主要弊端,语文课程改革就必定是盲目的。

语文课程改革加强感性,重视情感、语感、感悟,这是正确的。因为课程改革之前的语文教育的确少了感性。但语文课程改革淡化理性却是错误的,因为课程改革之前的语文教学并非多了理性。我们究竟有多少教学现象能够说明语文教学中理性因素过多?有人批评课程改革之前的语文教学是科学主义泛滥,所举例子是,小学生考试,"天是_____"填空,只能填"蓝蓝的",不能填"灰灰的"。明明是不尊重事实,明明是主观随意,明明是僵化,明明是霸道,明明是缺乏科学态度和理性精神,哪里是什么科学主义泛滥?我们的语文教育从来就没有多过真正的理性。

其实课程改革之前的语文教学的主要弊端是多了知性,少了感性和理性。许多教师习惯于让学生记段落大意和主题思想的笔记,许多教师喜欢大讲特讲作品的时代背景和作者生平,许多教师不厌其烦地讲解语法修辞知识。先不说许多知识是无用的,即使有用,也是多了知性,哪里是多了理性?

2. 认知结构分析的简单化

语文课程改革淡化理性的倾向与认知结构的简单化处理密切相关。既然课程改革之前的语文教学少了感性,于是许多人似乎合乎逻辑地推出课程改革之前的语文教育多了理性,因为人们习惯于认知结构感性、理性的二分。殊不知,在康德、黑格尔那里,认知结构是三分的:感性、知性、理性三个阶段。认知结构的三分,其关键在于区别知性和理性,知性阶段或层面的知识是肤浅的、孤立的、静态的,理性把握的是事物最深刻的本质,是知识的联系和流动。

例如,只知道$\sqrt{2}$是无理数,只知道无理数是不能用整数之比表示的数,只知道无限不循环小数是无理数,这是知性的。而$\sqrt{2}$是边长为1的正方形的对角线的长度,发现$\sqrt{2}$的数学家希帕索斯被他的数学家同事们扔进大海淹死了,因为他们不承认$\sqrt{2}$是一个数。但后来又承认了,叫它无理数,这就是伴随着无理数知识的感性经验。那些数学家们之所以不承认$\sqrt{2}$是数,因为他们认为任何数都可以用整数之比来表示,而$\sqrt{2}$不能;之所以又承认$\sqrt{2}$是数,是因为$\sqrt{2}$这个量是客观存在的,那就是边长为1的正方形的对角线的长度。因此他们必须调整"数"的定义,因而数学就前进了一大步,这就是伴随着无理数知识的理性认识。

人们习惯上说的理性其实是大理性概念,即包含了狭义理性和知性在内的广义理性。当我们丢掉了"知性"这一概念,就只能将知性和理性混为一谈,于是我们就无法清醒而自觉地区别孤立的、静态的知识与相互联系的、流动的知识。

认知结构感性、知性、理性的三分,有利于我们清醒地思考教育中的许多问题。人类的文化进步,是感性、知性、理性有机融合在一起的,学生的文化成长也应当是三者有机融合、和谐发展的。然而,教育要在几年,十几年的时间里使学生承继人类的主要文化,就必然要较多地关注知性,这是教育的无奈。然而,当教育过多地丢掉感性的时候,教育就变得机械和枯燥了;当教育过多地失去理性的时候,教育就变得浅薄了,散乱了,于是我们不得不重新反思和调整。这也是我们的课程改革之所以合理,之所以势在必行的内在根据。语文课程改革的正确方向应当是调整知性,丰富感性,深刻理性。

3. 重内容轻形式的文化传统

我们的民族文化传统,历来是重内容轻形式,重道轻文。在古代,经学被叫作"大学",语言学被称为"小学"。语文课曾经被上成政治课,既与特定的历史条件有关,也与重内容轻形式的文化传统有关。课程改革中,许多语文课被上成泛文化课,同样与这种文化心理有关:担心不重视文化内涵、不重视情感态度价值观,会被认为是对课程改革的态度不端正问题。

而重内容轻形式,在本质上恰恰在于忽视理性。因为理性往往更多地表现在形式中,规律更多地表现在形式中。民主思想有一句名言:"我不同意你的观点,但我誓死捍卫你说话的权利。"人们都能感受到其中强烈的理性精神,这里的理性精神恰恰表现了形式的价值。因为,每个公民都有发表意见的权利,这是一种社会生活的形式。人们各自不同的意见是内容,发表意见的权利和这样的社会生活方式是形式。法治和人治的区别也在于形式,至于什么法,那是内容问题。人们之所以拥护法治,就是因为这种形式好。有了法治这种形式,下位问题才是内容问题,即应当有什么样的法。

就文本而言,形式的意义在于显示内容之间的关系:即命题与命题之间的关系,事实命题与价值命题之间的关系,价值命题与价值命题之间的关系。因为只有这样的关系才能显示文本思想的论证性和可接受性。而理性精神的要义就在于,任何思想都应当是有理由的,理由成立并且足够支持一个思想,这一思想才是可以被接受的。

有人说:"道"不是理性吗?没有理性吗?"道"是一个含义复杂的词语。作为中国哲学术语的"道",当然是理性,或者说有着深刻的理性,因为它是宇宙的本源和规律。然而"文道关系"之"道"或者说作为思想内容的"道",在古代往往指的是儒家道统。诚然,作为一般思想的内容或者道,也有理性,但那是实践理性,不是纯粹理性,而纯粹理性更体现理性的本质。重道,重内容,其本质重视的是人们自己的价值偏好,甚至是价值偏好背后的利益。重文,重形式,重视的恰恰是形式中的理性精神。

语文教育应当使学生把握文本的文化内涵,借以熏陶情感,构建其价值观,但教材的文本毕竟是有限的,只有自觉地培养起理性精神、理解能力和文化品位,才能在以后的阅读中日益丰富其文化修养。语文学习的过程是形式,方法是形式,自主学习也是一种学习形式。我们要重过程,重方法,重自主学习,这也是一种重形式。所以我们也应重视渗透在形式中的理性精神。

4. 西方后现代文化的盲目照搬

课程改革的许多观点来自西方后现代主义。后现代主义有其历史的进步性,例如多元价值取向,鼓励创新,主张人与自然的和谐相处,反对人与人之间的冷漠。然而我们的课程改革引进西方后现代主义,既未能清醒地把握后现代主义本身的矛盾和消极因素,更未能充分考虑我们的国情。

后现代主义源于对西方社会矛盾的深刻反思:就文化而言,对理性的绝对信仰产生了唯理性主义，对科学的盲目崇拜产生了科学主义，以自然科学为范式的现代文化的思维方式和价值取向渗透社会生活和社会科学所带来的负面影响日益强烈。在这种背景下，反对科学主义，批评唯理性主义，解构阻碍社会前进的各种教条，当然有其合理性。

然而，后现代主义又有其消极因素。例如对历史文化的过度解构会陷入相对主义、怀疑主义和虚无主义。例如我们应当反对伪神圣，但不能拒绝崇高。但后现代主义反对伪神圣的同时又拒绝崇高。后现代主义本身是复杂的，充满矛盾。例如解构主义对逻辑理性的批判，本身所用的仍然是逻辑理性。如果说后现代主义对某些传统观念的解构是合理的，其实恰恰说明了理性反思的深刻与伟大，恰恰表明了人类理性的不断进步。正因为如此，美国等发达国家的教育在接受后现代文化多元价值取向等合理因素的同时却并未淡化理性。美国教育改革将批判性思维作为教育改革的主题，应当引起我们的深思。20世纪末美国学者戴维·珀金斯教授倡导的理解性教学至今方兴未艾，同样值得我们借鉴。

在我国，尽管以自然科学为范式的思维方式的负面影响也早已显现，但理性精神和科学精神却远未深入人心，五四运动提出的科学和民主的两大任务远未完成。在这种文化背景下，盲目地反对科学主义，很可能反掉的是科学，盲目地排斥理性，对于社会文化和教育的进步则更是危险的。

澄清关于逻辑的误解

1. 逻辑理性与人文精神

语文课程改革张扬人文精神，这是正确的。但遗憾的是，语文界有些人对于"人文精神"以及相关的"人文性""人文主义"存在着误解，许多人误以为人文精神是与理性相对立的。我们知道，人文主义是欧洲文艺复兴时代以反宗教为主要特征的价值取向和文化追求。人文主义有四个要点：(1) 肯定人的价值、特性和理想；(2) 反对宗教教义，注重人的现世生活；(3) 主张个性解放、自由平等，反对封建等级观念；(4) 推崇人的经验和理性。而这些要点，均与人类理性密切相关，或者说均以人类理性为基础。人文主义的核心就是张扬人类理性，倡导人文主义而进行文艺复兴,本身就是理性反思的辉煌经典。诚如于桂芝、安启念所说:"它(文艺复兴运动)把获得理性生活、争取自由平等、追求人的尊严和权利视为崇高的价值,实质就是对人的理性的高度弘扬。"①

我们所倡导的人文关怀,也并非出于人的本能,而是出于理性的人与人之间的同情和关爱。因为人类从历史的反思中认识到,唯其如此,人类社会才能和谐存在和发展。"老吾老,以及人之老;幼其幼,以及人之幼"的人文关怀正是超越动物本能的理性表现,正义和公平也正是人文关怀的最高境界。我们可以说,人类理性正是人文精神的内核。离开了人类理性,不可能有真正意义上的人文精神,缺失人类理性的"人文精神"只能是狭隘的、畸形的。人们对理性的误解还往往在于将理性与机械、僵化和教条联系在一起。其实,理性与机械和僵化根本不是一回事。梁漱溟先生说:"宇宙间所有惟一未曾陷于机械化的是人;而人所有惟一未曾陷于机械化的,亦只在此。"②

在思考逻辑理性与人文精神的关系的时候,我们必须思考,我们要的是小人文还是大人文?语文教育应当要大人文。而语文课程改革的许多实践和相关理论,却往往局限于小人文。有人认为,文学是人文,语言不是人文。于是我们的语文教育就出现了重文学轻语言的倾向。这是小人文。有人认为,情感、态度、价值观是人文,语文知识和能力不是人文,于是就出现了重文本文化内涵、轻语言形式的倾向。这是小人文。有人把人文局限在情感甚至情绪上,连价值观都不是人文。这更是小人文。有人甚至把人文局限在学生以自我为中心的某些情绪上,比如有的教材连朱自清的《背影》都不选,理由是学生不喜欢。这也是小人文。不接受人类理性,在文化人格上是永远长不大的。如果我们语文课程所倡导的人文精神缺失了人类理性这个内核,是要付出惨重代价的。

2. 逻辑理性与文学

英国思想家科林伍德把人类精神生活分为五种形式:艺术,其思维方式是想

---

① 于桂芝,安启念.构建和谐社会是马克思主义哲学中国化的思想启蒙[J].宁波经济(三江论坛),2007(10):34-38.

② 梁漱溟.中国文化要义[M].上海:上海人民出版社,2011:119.

象;宗教,其思维方式是崇拜;科学,其思维方式是实证;历史,其思维方式是过程;哲学,其思维方式是逻辑。科林伍德认为这五种形式是整个人类或每个个体发展的五个阶段。科林伍德的分析正说明了逻辑的崇高地位。形象思维,或曰艺术的想象也只有自觉地渗透逻辑的精神,才能摆脱朴素的肤浅而变得深刻和成熟,并产生伟大的艺术力量。钱锺书说得好:"理之在诗,如水中盐,蜜中花,体匿性存,无痕有味。"文学大师用文学语言形象地说明了理性与文学艺术的深刻关系。据周礼泉先生回忆,钱锺书每三年重读一遍黑格尔的《小逻辑》。

语文知识是理性的重要体现

知识是人类文化的主要内容,重视知识的价值是人类理性的重要体现。学习知识是社会个体进步的重要途径。传授知识是教育的主要活动,任何一门课程都应当以恰当的知识作为主要内容,语文课程当然也不例外。没有恰当的、系统清晰的语文知识,就不可能形成语文课程,或者说,没有语文知识,语文就不是清醒的、科学的、成熟的课程。

《义务教育语文课程标准(2011年版)》的目标围绕"知识与能力、过程与方法、情感态度与价值观"三个维度,但在具体内容中,情感态度与价值观写得多,知识与能力写得少。许多专家写文章或作报告,也是讲情感态度与价值观多,讲知识与能力少。甚至有人以能力反对知识,以情感态度与价值观否定知识与能力,例如语法知识。重要的是,缺少知识指导的感悟和能力训练只能是盲目的、低效的。须知,语法知识绝不是语言学家自己弄着玩儿的,而恰恰是供学习语言的人用来指导以提高语言能力的。现代教育的长处之一就是可以用知识来指导能力训练。语法知识的学习对于培养学生的思维有重要意义,例如语法结构的层次性,其实质就是哲学思维,就是理性思维。

缺少知识的教学往往会给人只可意会不可言传的感觉。就以李煜的词句"故国不堪回首月明中"来说。我曾经问学生:"明月"好,还是"月明"好?答曰:"月明"好。问:为什么?答:"明月"是静态的,"月明"是动态的。问:为什么?答:不知道。问:写作的时候想要动态的效果,怎么办?答:不知道。其实很简单,"明月"是以名词为中心的偏正词组,其语法特点相当于名词,当然是静态了;而"月明"是主谓词组,其语法功能相当于句子,有所谓,有所陈述,当然是动态了。苏轼的词句"明月几时有,把酒问青天",却恰是"明月"好。其一,这里不需要动态感;其二,名词确定性强;其三,"明月"是中国文学中一个重要的意象。

语文课程标准倡导逻辑思维

2017年版《普通高中语文课程标准》(2020年修订)提出:"发展实证、推理、批判与发现的能力,增强思维的逻辑性和深刻性,……提高理性思维水平。"值得注意的是,这是语文课程标准第一次倡导思维的"逻辑性"。这是旗帜鲜明地倡导逻辑理性,这一思想实在是前进了一大步。逻辑不仅是知识与能力,还是过程与方法,而且具有价值观的意义。

更值得注意的是,这是语文课程标准第一次十分明确地倡导学习"推理",这说明,语文课程标准的进步是非常坚实的。从本质上说,逻辑学就是研究推理的。亚里士多德的伟大贡献就在于研究了什么样的推理形式有效,什么样的推理形式无效。没有推理,也就无所谓逻辑。学习了推理,思辨性阅读才能卓有成效。请看《论语·为政》:"子曰:学而不思则罔,思而不学则殆。"孔子究竟告诉我们怎样做?这里没有结论,连前提也有省略。读者需要补充省略的前提并推出结论,那就是"学则思,思则学"。怎么推出来的?"学而不思则罔,思而不学则殆。不罔,不殆。所以,并非学而不思思而不学。"这是假言推理的否定后件式。"并非学而不思思而不学。所以,并非学而不思,并非思而不学。"这是联言推理的分解式。"并非学而不思,并非思而不学。所以,学则思,思则学。"这是负命题的等值推理。有人说,这太复杂太麻烦了。问题是,不老老实实地学推理,我们凭什么得出结论?只可意会不可言传?只需意会不需言传?——那不是教育。也许智商高的人一下子就悟到了结论。但教育就是要用可操作的方法让尽可能多的不同智商的人学会解决问题,获得能力。当然,此例难度较大,这是为了说明问题而推向极致使然。我们需要并且可以由简到繁,由易到难,逐步培养出这种重要的能力。

第三章

语文课程需要逻辑知识

随着语文课程改革的深入,人们对语文课程的理解和把握愈益全面,许多人越来越认识到逻辑思维的重要:语文课程既需要逻辑思维,又有得天独厚的条件发展逻辑思维。发展逻辑思维需要逻辑知识,也正逐步成为语文界的共识。那么,语文课程究竟需要哪些逻辑知识呢?这是一个很大的问题,也是一个难题。这里我们只能把握简洁与明了相对和谐的一个度,或者说是择其要者而言之。

逻辑知识体系本来是概念—命题—推理—论证。这里,我们从语文课程的需要程度和逻辑知识与语文课程关系的密切程度来考虑的。将这一顺序倒过来:论证—推理—命题—概念。

语文课程需要论证的知识

语文课程要教学生阅读和写作议论文。一篇议论文,就是一个相对复杂的论证过程。因此,议论文的学习需要论证的知识。论证就是以论据的真实性来确定论点真实性的思维过程。

1. 论证三要素

论点、论据、论证方式是议论文三要素,其实质是论证三要素。论点,是议论文所要表达的观点或主张,其实就是论证所要确定为真的命题。论据,是论点的理由或依据,其实就是用以确定论点真实性的判命题。论据可以分为理论论据和事实论据。论证方式,是论据与论点的联系方式,分为演绎论证、归纳论证和类比论证。演绎论证是必然性论证,论证强度高,说服力强。归纳论证和类比论证是或然性论证,论证强度低,说服力弱。演绎论证多用理论论据,归纳论证和类比论证多用事实论据。归纳论证所用事实论据的分布范围越大,论证强度越高,说服力越强。类比论证类比事物相同属性越多,论证强度越高,说服力越强。

上述论证的知识对于学生议论文阅读的指导意义在于,根据其所使用的论证方式了解其论证强度,从而确定对其论点的信服度。对于议论文写作的指导意义在于:第一,学会尽可能地使用理论论据进行演绎论证,因为演绎论证是必然的,论证强度高,说服力强;而归纳论证是或然的,论证强度低,说服力弱。第二,如果使用归纳论证,就要注意事实论据分布范围的广度;如果使用类比论证,则应当注意类比事物已知的相同属性应当尽可能多些。这两个意义正好对应于学生议论文写作的主要缺陷:第一,学生往往习惯于堆砌事实论据而进行归纳论证。他们不知道归纳论证的论证强度低。例如写《论刻苦读书》,就堆砌名人刻苦读书的例子。而毛泽东年轻时也写过《论刻苦读书》,却善于进行演绎论证。他的两个理论论据是"人是应当读书的""读书是必须刻苦的",因此他的论证就说服力强。第二,学生议论文写作的另一个缺陷是不注意事实论据的分布。仍以《论刻苦读书》为例,他们往往堆砌那些古人刻苦读书的例子。他们不知道由于事实论据的分布缺乏广度,其说服力更弱,读者有可能会说"古人是刻苦读书的,现代人大概不用刻苦读书了"。较好的分布是,既有古代的又有现代的,既有中国人又有外国人,既有文人又有武者。

2. 论证方法

论证方法指的是演绎论证所用的具体方法。论证方法分为直接论证和间接论证。直接论证是直接用论据确定论点的真实性。间接论证是通过确定与论点相关的其他判断的虚假性来确定论点的真实性,间接论证有反证法和选言证法。

反证法是通过确定与论点相矛盾的判断的虚假性来确定论点的真实性。反证法的要点是设置与论点相矛盾的反论点,由此推出一个明显虚假的结论,由此可见反论点虚假,从而确定论点真实。例如,鲁迅《作文秘诀》说:"作文却好像偏偏并无秘诀,假使有,每个作家一定是传给子孙的了,然而祖传的作家很少见。"鲁迅的论点是"作文没有秘诀",他设置了一个反论点"作文有秘诀",由此推出"祖传的作家应当很多"这一明显虚假的结论,由此可知反论点"作文有秘诀"假,因而可知论点"作文没有秘诀"真。

选言证法是通过确定与论点相关的其他可能性判断均假,由此确定论点真。选言证法的要点在于设置一个包括论点这一选言支的选言命题,先确定除论点这一选言支以外的其他选言支均假,由此确定论点真。因此又叫作"汰证法"。例如,毛泽东《人的正确思想是从哪里来的?》说:"人的正确思想是从哪里来的?是从天上掉下来的吗?不是。是自己头脑里固有的吗?不是。人的正确思想,只能从社会实践中来。"这一论证是先确定"人的正确思想或者是从天上掉下来的,或者是人的头脑里固有的,或者是从社会实践中来的"这一选言命题,既然人的正确思想不是从天上掉下来的,也不是头脑里固有的,那么,人的正确思想只能是从社会实践中来。

论证方法的知识,能够帮助学生更加顺畅地理解议论文中所使用的论证方法,更能够帮助学生学习使用这些方法来写作议论文。《义务教育语文课程标准(2011年版)》将课程目标设计为"知识与能力、过程与方法、情感态度与价值观"三个维度,论证方法正是语文课程不可或缺的重要方法。语文界有一些似是而非的论证方法,如"例证法""引证法""喻证法"等,这些所谓的论证方法是不能成立的。所谓"例证法",其实是论证方式中的归纳论证。所谓"喻证法",其实是论证方式中的类比论证。所谓"引证法",其实是"引用"这种修辞方法在议论文或论证当中的运用,并非一种独立的论证方法,引用别人的话,只能帮助论证,却不能代替作者自己的论证。

3. 反驳

反驳的知识是驳论的需要。反驳是确定被反驳论点虚假或不能成立的思维过程。确定对方论点的虚假性,就等于确定了与对方论点相矛盾的判断的真实性,因此反驳是一种特殊的论证。反驳有驳论点、驳论据、驳论证过程三种。

驳论点就是直接确定对方论点的虚假性。例如:"有一种观点认为,智力早熟就会早亡,然而事实并非如此。6岁能作诗的白居易活了74岁;控制论创始人诺伯特·维纳14岁毕业于哈佛大学,活了70岁;歌德8岁能用5国语言读写,活了83岁。可见并非智力早熟就会早亡。"

驳论据是通过确定对方论据的虚假或其真实性有待确定,来指明对方论点的不能成立。鲁迅《文学与出汗》就采用了驳论据的方法:"上海的教授对人讲文学,以为文学当描写永远不变的人性,否则便不久长。例如英国,莎士比亚和别的一两个人所写的是永久不变的人性,所以至今流传,其余的不这样,就都消灭了云。这真是所谓'你不说我倒还明白,你越说我越胡涂'了。英国有许多先前的文章不流传,我想,这是总会有的,但竟没有想到它们的消灭,乃因为不写永久不变的人性。现在既然知道了这一层,却更不解它们既已消灭,现在的教授何从看见,却居然断定它们所写的都不是永久不变的人性了。"应当说明的是,驳倒了对方的论据,并不等于确定了对方论点的虚假性。正如鲁迅《文学和出汗》驳倒了梁实秋的论据,却不等于确定了梁实秋"文学当描写永久不变的人性"这一论点虚假。那么,驳论据的意义何在呢?驳倒了对方的论据虽然不等于确定对方论点的虚假性,但却意味着对方论点的真实性值得怀疑,因而不能成立。

驳论证方式是通过确定对方论证方式的无效或其论据与论点缺乏逻辑联系,来确定对方论点的不能成立。同样,驳倒了对方的论证方式,也不等于确定了对方论点的虚假性。驳论证方式的价值在于使对方的论点失去论据的支持而不能成立。

上述三种反驳,直接驳论点最有力,驳论据或驳论证方式则更为巧妙,常为驳论高手所采用。反驳的知识其价值有三:第一,在于指导学生写作驳论文时清醒地有选择地运用恰当的方法来反驳对方;第二,在于指导学生阅读议论文的时候,如何进行反思和质疑;第三,在于指导学生写作立论文的时候,严密地进行论证,既要保证论点的真实,又要保证论据的真实,还要保证论证方式的正确有效,以免受到别人的反驳。这三个方面是互相联系的,相辅相成的。

语文课程需要推理的知识

论证是推理的应用,学会论证离不开推理的知识。

1. 推理与论证的关系

推理与论证既相互联系，又有明显的区别。其联系主要在于：第一，论证三要素"论点、论据、论证方式"对应于推理三要素"前提、结论、推理形式"。论点对应于结论，论据对应于前提，论证方式对应于推理形式。第二，论证的分类依据是论证所用的推理。演绎论证使用演绎推理，归纳论证使用归纳推理，类比论证使用类比推理。演绎推理往往是从一般性前提得出个别性结论，归纳推理是从个别性前提得出一般性结论，类比推理是从个别性前提得出个别性结论。演绎推理是必然性推理，能够从真实的前提"必然地"得出真实的结论。归纳推理、类比推理是或然性推理，从真实的前提可能而非必然地得出真实的结论。其区别主要在于：论证的重心在于论点的真实性，而推理的重心在于推理形式的正确性，具体表现为演绎推理的有效性和归纳推理、类比推理的合理性。

2. 推理形式

掌握推理的形式，就是要知道某种推理形式的规则，遵守这些规则才是有效推理，否则就是无效推理。例如充分条件假言推理有四条规则：（1）肯定前件就能肯定后件；（2）肯定后件不能肯定前件；（3）否定后件就能否定前件；（4）否定前件不能否定后件。《两小儿辩日》第一个小儿的推理："如果太阳离得近，那么看上去大。早晨的太阳看上去大。所以早晨的太阳离得近。"企图通过肯定后件来肯定前件，违反了规则（2），是个无效推理，即他所提供的现象不能证明其观点。

语文课程需要命题的知识

命题的语言形式是语句，恰当地、巧妙地运用语句，离不开命题的相关知识。命题的知识对于复句的理解和运用不可或缺。并列复句其实就是联言命题，选择复句其实就是选言命题，假设复句和条件复句其实就是假言命题。组成复句的分句与分句之间的关系，其实就是逻辑关系。在逻辑中，命题的意义在于，它是构成推理的要素。命题本身作为推理的前提或结论，命题的逻辑意义作为推理的依据。

命题分为简单命题和复合命题。简单命题表达的是概念与概念之间的关系,例如"金属是导体",表达的是"金属"和"导体"这两个概念之间的关系。复合命题表达的是简单命题与简单命题之间的关系,例如:"只有年满18岁,才有选举权。"表达的是"年满18岁"和"有选举权"这两个简单命题之间的关系。复合命题中的简单命题叫作支命题。简单命题有直言命题、关系命题,复合命题有联言命题、选言命题、负命题。

语文课程需要概念的知识

概念是思维的细胞,只有概念明确,才能判断恰当,推理和论证严密。许多思维问题往往是概念问题。概念与语词密切联系,理解概念可以更好地使用语词。

1. 概念之间的关系

概念之间有5种基本关系:全同关系、真包含于关系、真包含关系、交叉关系、全异关系。全同关系:A、B两个概念,所有A都是B并且所有B都是A,则A与B有全同关系。全同关系是外延全部重合的两个概念之间的关系,例如"北京"与"中华人民共和国的首都"。真包含于关系:A、B两个概念,所有A都是B但并非所有B都是A,则A与B有真包含于关系,例如"羊"与"动物"。真包含关系:A、B两个概念,所有B都是A,但并非所有A都是B,则A与B有真包含关系,例如"生物"与"动物"。交叉关系:A、B两个概念,有A是B,有A不是B,并且有B是A,也有B不是A,则A与B有交叉关系,例如"青年"与"作家"。全异关系:A、B两个概念,所有A都不是B,则A与B有全异关系,例如"动物"与"植物"。

真包含于关系和真包含关系均为属种关系,外延大的概念叫作属概念,外延小的概念叫作种概念。

全异关系可区别为矛盾关系和反对关系。矛盾关系的特点是两个概念的外延之和等于其属概念的外延,例如"正确"与"错误"。反对关系的特点是两个概念的外延之和小于其属概念的外延,例如"动物"与"植物"。全异关系是并列关系,其他关系均不能并列。

概念之间的关系不同于实物之间的关系。例如"白马非马",指的是"白马"与"马"是两个不同的概念。就实物而言,白马当然是马。"白马非马",是中国古代重要的哲学命题,由此可见当时中国的哲学思想之发达。

2. 明确概念的逻辑方法

语文课程需要培养学生阅读和写作说明文的能力,而说明方法中的"下定义"和"分类别"在本质上都是逻辑方法。"下定义",其实就是逻辑学中的"定义"。"分类别",其实就是逻辑学中的"划分"。"定义"和"划分"都是明确概念的逻辑方法。"定义"是揭示概念内涵的逻辑方法。"定义"的具体方法是"属加种差"。所谓"属",就是属概念,所谓"种差",就是同一属概念下该种概念与其他种概念的区别。例如,"梯形是一组对边平行的四边形","四边形"就是"梯形"的属概念,"一组对边平行"就是"梯形"的"种差",是"梯形"与其他四边形的区别(平行四边形是两组对边分别平行的四边形,不规则四边形是没有对边平行的四边形)。定义常犯的错误是"定义过宽"或"定义过窄"。例如"刑法是带有强制性的法律""刑法是惩治杀人犯的法律",前者定义过宽,后者定义过窄。"划分"是揭示概念外延的逻辑方法,例如"生物可以分为动物、植物、微生物"。划分最容易犯的错误就是划分出的概念相容,即外延有所重叠,例如"萝卜有圆萝卜、长萝卜、红萝卜"。

思维形式与语言形式

思维形式都有一定的语言形式相对应。与概念相对应的语言形式是词和词组,词和词组统称为语词。与命题相对应的语言形式是语句。但概念与语词的关系并非一一对应,命题与语句的关系也并非一一对应。

同一个概念可以用不同的语词表达,例如"母亲"和"妈妈"、"土豆"和"马铃薯"、"去世"和"逝世"。同一个命题可以用不同的语句表达。例如,述宾谓语句"小刚打碎了花瓶"和把字句"小刚把花瓶打碎了"。懂得这个道理,可以在语言表达时选择恰当的语词或句式。例如,恩格斯《在马克思墓前的讲话》开头:"3月

14日下午两点三刻,当代最伟大的思想家停止思想了。让他一个人留在房间里还不到两分钟,当我们进去的时候,便发现他在安乐椅上安静地睡着了——但已经永远地睡着了。"这里"永远地睡着了"与"死""逝世"表达相同的概念,在这一特定语境中却感情凝重,意味深长。抗美援朝结束时,何香凝画了一幅《喜鹊牡丹图》,周恩来的题词是"鹊报援朝胜利,花贻抗美英雄"。这里的"贻"与"送""赠"表达同一概念,但"送"和"赠"均为仄声,与语境的格律不吻,而"贻"则与上句的"报"平仄相对,使整个句子对仗工整。句式的选择同样如此。例如在法庭上,经常用把字句"把罪犯带上来"。如果用述宾谓语句"带上来罪犯",就显得无力。而《红楼梦》里"但绫锦纱罗,也不过裹了我这枯株朽木",表达了贾宝玉的自愧,如果改为把字句"绫锦纱罗也不过把我这枯株朽木裹了",就莫名其妙。

同一个语词可以表达不同的概念,例如"书"可以表达"书本""书写""书信"等不同概念。多义词就是能够表达多个概念的语词。同一个语句可以表达不同的命题。例如,"老张的笑话说不完"这一语句有不同的意思——"老张能讲很多笑话"或者"老张做事荒唐,关于他的笑话很多"。可以表达不同命题的语句叫作多义句。

多义词或多义句到了具体的语境中就可能产生歧义。例如"我喜欢杜鹃",这里的"杜鹃"究竟是杜鹃鸟,还是杜鹃花?读者莫衷一是。懂得这个道理,就能自觉地避免歧义。从积极的方面说,有意地利用多义词或多义句,可以造成一语双关的表达效果。《三国演义》中,曹操为防他人谋害,故意说有梦中杀人的习惯,一次侍者为其捡起掉到地上的被子,曹操挥剑杀了侍者。杨修说:"丞相非在梦中,君乃在梦中耳!"这里的"梦",前者指一种睡眠状态,后者指思想糊涂,语带双关,发人深省。

易错的"和"与"或"

联言命题和选言命题是两种最基本的复合命题。关键字有"与""或""非","与"表达的是联言命题,"或"表达的是选言命题,"非"表达的是负命题。

联言命题是反映两个或两个以上的事物情况同时存在的命题。例如:"李白是诗仙,杜甫是诗圣。""苏先生既是数学家,又是诗人。""哥白尼发表了地动学说,不仅带来了天文学的革命,并且开辟了各门科学向前发展的新时代。""鲁迅是文学家、思想家和革命家。"

选言命题是反映两种事物情况至少有一种存在的命题。例如:"这张餐券可以买鱼,或者买鸡。""王先生会法语,或者会德语。""这局象棋或者甲胜,或者平局。"

表达事物之间的并存关系,要用联言命题,表达几个事物至少有其一,用选言命题。如果用联言命题表达事物之间的选择关系,则该命题虚假。例如:"这局围棋甲乙双方都胜了。"如果用选言命题表达并存的事物,则该选言命题真。因为两个事物并存蕴涵着二者至少有其一。例如:"赵先生会德语或法语。"事实上赵先生既会德语又会法语,蕴涵着赵先生至少会一门外语。这里有一个逻辑上的从弱原则。当我们不知道赵先生究竟是德语法语都会还是只会其中一门时,使用选言命题能够保证不说假话。但是从语言表达的准确性来说,用选言命题来表达并存的事物,准确度不高。

"和"与"或",是容易用错的连词,当谨慎使用以免用错。例如,高等学校本来应当既出人才又出成果,如果说"高等学校要出人才或者出成果",就降低了对高等学校的要求。又如:"出入校门的师生要出示工作证或学生证"如果说成"出入校门的师生要出示工作证和学生证",那么无论教师还是学生,谁也进不来,谁也出不去。

假言命题与托尔斯泰的名言

假言命题是反映事物之间条件关系的命题。例如,"如果下雨,地上就湿。"反映了"下雨"和"地上湿"之间的充分条件关系,即"下雨"是"地上湿"的充分条件,这是充分条件假言命题。所谓充分条件,指的是有某个条件就一定要某个结果。"只有年满18岁,才有选举权。"反映了"年满18岁"与"有选举权"之间的必要条件关系,这是必要条件假言命题。所谓必要条件,指的是没有某个条件,就一定没有某个结果。"一个三角形是等边三角形,当且仅当这个三角形是等角三角形。"反映了"一个三角形是等边三角形"与"一个三角形是等角三角形"之间既充分又必要的条件关系,这是充分必要条件假言命题。

托尔斯泰有句名言:"幸福的家庭都是相似的,而不幸的家庭各有各的不幸。"为什么是这样呢?我们不妨从逻辑的角度加以考察。我们知道,任何事物都是需要条件的。越是美好的事物,越需要更多的必要条件。如果一个幸福的家庭需要 5 个必要条件(也可能是 186 个,具体的数量没有实质关系),那么,那些幸福的家庭一定是这 5 个必要条件都具备的。因而这些幸福的家庭是相似的。而缺少幸福家庭 5 个必要条件中的任何一个,就成了不幸家庭的充分条件。这个不幸的家庭缺少的是幸福家庭的必要条件 1,那个不幸的家庭缺少的是幸福家庭的必要条件 4,因而是各有各的不幸。托尔斯泰的名言是文学的、伦理的,然而当我们从逻辑的角度来分析的时候,我们的理解就更加深刻了。

托尔斯泰的名言可以推而广之。"成功都是相似的,而不成功各有各的不成功。""健康都是相似的,而不健康各有各的不健康。"为什么可以推而广之,因为其中有逻辑的精神,逻辑的力量。

不能随意倒过来说的句子

1. "……*是*……"

有些句子可以随意倒过来说。比如"……不是……"句式。例如"三角形不是圆"真,那么"圆不是三角形"也真。"塑料不是导体"真,那么"导体不是塑料"也真。

"是"字句可以倒过来说吗?有的时候,似乎倒过来说也成立。例如,"北京是中国的首都"真,"中国的首都是北京"也真。再如,"等边三角形是等角三角形"真,"等角三角形是等边三角形"也真。但这并不意味着"是"字句可以随意倒过来说。例如,"所有羊是动物"真,倒过来"所有动物是羊"却假。

问题的关键在于,汉语的判断动词"是"究竟是什么意思。"是"两边的主语和宾语是等值的吗?或者说"是"等于"等于"吗?许多人对这个问题没有清楚地理解,也没有认真地考虑。然而这偏偏是一个不能不考虑清楚的问题。

"是"不等于"等于"。"是"字句,或者说命题"A 是 B"表达的是 A 与 B 之间的包含于关系。包含于关系是全同关系和真包含于关系的概括。也就是说,当

A 与 B 之间具有全同关系或者具有真包含于关系时，均可用"A 是 B"句式表达。当 A 与 B 具有全同关系时，"A 是 B"真，"B 是 A"也真。当 A 与 B 具有真包含于关系时，"A 是 B"真，"B 是 A"假。然而，当我们不知道 A 与 B 究竟是全同关系还是真包含于关系时，仅凭"A 是 B"，是不能说"B 是 A"的。

我们说"……不是……"句式可以倒过来说，就是说"A 不是 B，所以 B 不是 A"是一个有效推理。我们说"是"字句不能倒过来说，就是说"A 是 B，所以 B 是 A"是一个无效推理。也就是说，"A 是 B"推不出"B 是 A"。

2."如果……，那么……"

"如果……，那么……"也不能随意倒过来说。"如果下雨，那么地上湿"真，"如果地上湿，就是下雨了"假。"如果 p，那么 q"，表达的是 p 与 q 之间的充分条件关系。当 p 与 q 具有充分条件关系时，q 与 p 具有必要条件关系。也就是说，"下雨"是"地上湿"的充分条件，那么"地上湿"是"下雨"的必要条件。

有人说，"如果一个三角形是等边三角形，那么它是等角三角形"和"如果一个三角形是等角三角形，那么它是等边三角形"都真，这不是可以倒过来说吗？这是错觉。其实"如果一个三角形是等边三角形，那么它是等角三角形"和"如果一个三角形是等角三角形，那么它是等边三角形"都真，是因为两者客观上均真，后者并不是从前者推出来的。

变项的取值组合与《巴黎圣母院》

复合命题的支命题叫作命题变项。根据变项的取值组合，可以确定命题的真值。当联言命题的变项均真时，联言命题真；其余情况下，联言命题均假。当选言命题的变项均假时，选言命题假；其余情况下，选言命题均真。

命题的取值组合，本身就是一种重要的逻辑方法。当复合命题有 2 个变项时，变项的取值组合有 4 种情况，即 2 的平方。当复合命题有 3 个变项时，变项的取值组合有 8 种情况，即 2 的立方。我们来看 2 个变项的情况。设变项分别为 p 和 q，则取值组合有 4 种情况。p 真 q 真，p 真 q 假，p 假 q 真，p 假 q 假。这 4 种情况覆盖了取值组合的全部可能。

伟大而深刻的文学作品往往自觉地运用变项取值组合的逻辑方法,例如《巴黎圣母院》。《巴黎圣母院》塑造了4种人,这4种人是:内心美外表美的,以吉卜赛女郎埃斯米拉达为代表;内心美外表丑的,以敲钟人卡西莫多为代表;内心丑外表丑的,以卫队长为代表;内心丑外表美的,以神父为代表。这4种人涵盖了世界上所有的人,任何人都概莫能外。为什么会有这样大的涵盖力?就是因为其中有逻辑的方法和逻辑的力量。以"美"作为算子,以"美"和"丑"作为两个值,以"内心"和"外表"为两个变项。那么变项的取值组合正好是4:"内心美外表美""内心美外表丑""内心丑外表美""内心丑外表丑"。

在日常生活或工作中,也可以运用变项取值组合的逻辑方法。例如对人才的分析,可以确定"德"和"才"两个变项,以"有"和"无"作为两个值,那么变项的取值组合就是4:"有德有才""有德无才""无德有才""无德无才"。假如对工作进行分类,以"轻""重"作为变项,确定"急""缓"两个值,那么变项的取值组合就是如下4种:"重而急""重而缓""轻而急""轻而缓"。

语文中的二难推理

二难推理是假言推理和选言推理的结合,因其结论经常使人陷入两难的境地而得名。例如,恩格斯在《论权威》中说:"或是反权威主义者自己不知所云,如果是这样,那他们只是在散布糊涂观念;或者他们是知道的,如果是这样,那他们就是在背叛无产阶级运动。在这两种情况下,他们都只是为反动派效劳。"林则徐不主张给子女留下钱财,他说:"子若如我,留钱何用?子若不如我,留钱何用。"这是一个省略了选言前提和结论的二难推理。还原为完整的二难推理如下:"子若如我,留钱何用?子若不如我,留钱何用?子或如我,子或不如我。留钱何用?"

汉语中有不少成语是二难推理的凝缩。例如"左右为难",还原为二难推理如下:"如果往左,那么为难。如果往右,那么为难。或者往左,或者往右。所以,为难。"再如"进退维谷""前后失据"等。有的文学作品本身就是一个二难推理。例如元代姚燧的曲子词:"欲寄君衣君不还,不寄君衣君受寒。寄与不寄,妾身千万难。"所谓"千万难",那是夸张,其实就是两难。

语言中有一种"复杂问语"。所谓复杂，就是因为这样的文句可以使对方陷入两难的境地。例如古希腊逻辑学家经典的复杂问语："你是否停止打你的父亲了？"这一问语难以回答的原因在于，预设了"曾经打过父亲"。回答说"停止了"，等于承认以前打过。回答"没停止"，那就更糟糕。类似的复杂问语有："你现在还偷东西吗？"

上面的两个例子是逻辑学家跟人开玩笑的。在现实生活中，善于运用复杂问语往往是智慧的表现。美国总统华盛顿小时候，家里的马被人偷走了。他明察暗访找到了盗马贼。华盛顿说："这是我们家的马。"盗马贼说："怎么是你们家的马？我都养了好多年了。"华盛顿用双手捂住马的两只眼睛，问盗马贼："既然你养了好多年了，那你说说，这马的哪只眼睛是瞎的？"盗马贼说："左眼。"华盛顿放开右手，一看马的左眼好好的。盗马贼说："我说错了，是右眼。"华盛顿放开左手，一看右眼也好好的。盗马贼一看事情败露，只好乖乖地让华盛顿把马牵走。

有时候，坏人也可能用复杂问语给人制造难题。四人帮的爪牙问张志新："张志新，你能不能挖挖犯罪根源？"这一问语的预设是张志新犯罪了。无论张志新回答"能"还是"不能"，就等于承认了这一预设，都会使自己陷入被动的境地。于是，张志新说："我没有犯罪，谈不到犯罪根源。"终于使敌人的阴谋破产。

三段论与鲁迅的小说

三段论是亚里士多德逻辑的精华。三段论是由两个包含着一个共同概念的直言命题得出一个新直言命题的推理。例如："金属是导体，铁是金属，所以，铁是导体。"在这个三段论中，"金属是导体"和"铁是金属"是前提，"铁是导体"是结论。两个前提中有一个共同概念"金属"，叫作中项；结论的主项"铁"叫作小项；结论的谓项"导体"，叫作大项。包含大项的前提"金属是导体"，叫作大前提；包含小项的前提"铁是金属"，叫作小前提。我们看到，大前提中，大项与中项相联系，小前提中，小项与中项相联系。结论是小项与大项相联系。三段论就是使小项和大项通过中项取得联系。因此一个三段论只能有三个不同的概念，即小项、中项、大项。假如只有两个概念，那就没有中项，也就没法使大小项通过中项取得联系，因而无法构成三段论，例如："羊是动物，有些动物是羊。"假如有四个概念,同样没有中项,大小项也无法取得联系,例如:"羊是动物,树是植物。"

值得注意的是,表面上三个概念而实际上却是四个概念的情况。例如,"鲁迅的小说不是一天可以读完的,《孔乙己》是鲁迅的小说,所以,《孔乙己》不是一天可以读完的。"表面上看,这是一个正常的三段论。两个前提是真实的,可是结论却显然虚假。《孔乙己》怎么会一天读不完呢?问题出在哪里?就出在这里有四个概念。大前提"鲁迅的小说不是一天可以读完的"中的"鲁迅的小说"是一个集合概念,指的是鲁迅小说的全部。小前提"《孔乙己》是鲁迅的小说"中的"鲁迅的小说"是一个非集合概念,指的是鲁迅的一篇小说。也就是说,"鲁迅的小说"这一语词表达了两个不同的概念,再加上"《孔乙己》""一天可以读完的",一共有四个不同的概念。这类三段论的逻辑错误就叫作"四概念"。

第四章

语文教材的逻辑分析

理解课文需要逻辑思维

课文或曰文本都有其内在的逻辑结构。例如,语文教学中经常出现的教学环节——概括段落大意,概括课文中心,其实就是逻辑的概括。逻辑学中"概括"是将一个种概念推演到属概念。语文教学中的概括往往是将多个种概念概括为属概念,但在本质上就是逻辑的概括。议论文的逻辑结构正是论证结构的表现。只有把握论点、论据及其逻辑关系,才能真正理解议论文。说明文的重心在于被说明事物的特点。而要说明被说明事物的特点,既需要事物之间的比较,更需要说明其特点的成因,该特点与人类生活的关系等。记叙文的逻辑结构既在于人物和事件所蕴含的文化意义,还在于诸如前因后果等事件本身各要素之间的关系。因此,理解课文离不开逻辑思维。

例如《两小儿辩日》,究竟谁输谁赢,必须通过逻辑分析才能知道。两小儿各自的理由均不能证明各自的观点,而恰恰能驳倒对方的观点,因而双方势均力敌。"孔子不能决"的原因也正在这里。离开了对两小儿观点与理由的分析,说孔子谦虚,只能培养学生浅尝辄止的阅读习惯。缺乏必要的逻辑分析,缺乏理解的语文教学是很容易走入误区的。有一位教师教学《两小儿辩日》,让学生模拟两小儿辩论的过程,由于两小儿的话很少,教师就引导学生"扯着嗓门喊""拍着胸脯说"。教师说这是享受语文。殊不知恰恰是在糟蹋语文,是在培养不尊重对方的、粗俗的话语方式。

理解课文需培养反思和质疑的习惯

对课文的深入理解,需要养成质疑的习惯。在20世纪八九十年代,有一篇课文《祖冲之》,最后一段说:"直到十五世纪,中亚西亚的数学家阿尔·卡西才把圆周率推算到十七位数字。这时,祖冲之已经去世将近一千年了。"这一段话意在说明祖冲之比国外的数学家更伟大。问题在于,这样的表述能够推出作者想表达的结论吗?课文只是进行了时间上的比较,却没有成就上的参照。比较,应当有一个共同的参照系。如果以相同的成就比时间,就要说明,祖冲之把圆周率计算到小数点后七位数字,外国数学家是什么时间得到这一成就的;如果以相同的时间比成就,就要说明,在祖冲之的时代,国外数学家是否提出了圆周率或者计算到了多少位。这样的比较才是有说服力的。

语文教学还应当鼓励学生对课文进行创造性的反思和理解。南开大学徐江教授在中学讲《廉颇蔺相如列传》,引导学生反思:"完璧归赵是蔺相如最恰当的选择吗?"学生思想活跃,这就有效地促进了逻辑思维能力的提高。

理解课文是阅读教学的基本任务

重视逻辑理性,在语文教学中最本质地表现为重视对课文的理解。理解课文应当是阅读教学的基本任务。语文课程改革的一个误区就是重体验而轻理解,许多人过分地强调体验的价值,又不清楚为什么体验和体验什么。有人说是体验生活,其实,体验生活的根本就在于生活本身。学生每天都在具体的生活中:家庭生活、校园生活、社会生活。为了体验生活而离开生动的生活本身来上语文课,那是很荒唐的。体验在语文教学中的意义在于:第一,课文所提供的具体情境中有许多是学生不曾经历过的,阅读这些课文可以丰富学生的生活体验,为情感态度价值观的发展创造更好的条件。第二,借助课文所提供的生活情境丰富语言符号表征的内涵。例如,"伟大""高尚"之类的形容词,只有通过了解古今中外志士仁人的生动事迹才能有切实而丰富的内容。第三,借助已有的生活体验来理解课文,理解作者在课文中表达的思想情感。第四,体验在语文教学中最重要的意义在于,通过文本的言语材料,感悟和理解语言的规律和特点。例如"祖国伟大,山河美丽"可以让学生真切地体验到汉语声调的抑扬顿挫。然而,语文教学中的任何体验只有伴随着理解,才能更好地发挥其应有价值。更准确的说法是,语文教学中的理解应当伴随着丰富的体验。20世纪末,美国学者戴维·珀金斯教授提出了"理解性教学",其意义正在于强调教学中的理解。有人把"理解性教学"解释为一种教学模式,那是误解。理解应当是任何学习和教学不可或缺的要素。2001版语文课程标准在"课程理念"中强调的是学生对文本文化内涵的多元反应、感染熏陶和独特体验,忽视了对课文的理解。2011版语文课程标准增加了"理解"。这是语文课程标准的重要进步,也是语文课程改革的重要进步,是语文课程改革由浮躁走向从容的一个表现。

理解课文当深入到字里行间

对课文的理解应当深入到字里行间。以《吕氏春秋·察传》为例,第1自然段:"夫得言不可以不察。数传而白为黑,黑为白。故狗似玃,玃似母猴,母猴似人,人之与狗则远矣。此愚者之所以大过也。"许多人认为中间两句是两个比喻,这是没有读懂课文。准确的理解是:第1句提出论点"必须审察传言"。第2句就提出理由:因为传言经常是走了样的,甚至是黑白颠倒,面目全非。读者不禁要问,黑与白分界异常鲜明,何致如此混淆?于是第3句说明,这是由于量变的积累引起了质变。第4句说明这正是愚蠢的人们犯错误的原因。既有客观原因,又有主观原因,分析得多么透彻。古人善于用形象来表达抽象的思想,此段第2、3两句正是如此。将其理解为两个比喻,就无法理解文章句与句之间缜密的联系。

重视逻辑分析并不意味着排斥情感熏陶

对课文进行逻辑分析,并不意味着排斥情感的熏陶。语文学习的过程,解读文本的过程应当是情感与理智和谐交融的过程。

要说明课文的逻辑分析，本来应当着眼于逻辑而暂时搁置其他因素。下文几篇课文的分析，在写作时，并非单纯着眼于逻辑，而是一般意义或完整意义上的文本解读，甚至包含教学设计。收进本书时，起初打算删除逻辑之外的因素。后来考虑，保留原貌也许更便于读者领悟逻辑因素与其他因素的关系。

顺便说明，文本解读，有文学解读与教学解读的区别。文本的文学解读，往往着眼于作品艺术创作上最具特色的一点，作深入的阐发，而可以不及其余。文本的教学解读，则是全面地、几近全方位地揭示文本的语文教育价值。这里的几篇文本解读是文本的教学解读。

梁启超《敬业与乐业》赏析

梁启超的《敬业与乐业》立意深刻，结构严谨，语言典雅，堪称议论文的典范。

1. 立意深刻

"敬业与乐业"，这文章的题目，正是文章的立意所在。作为议论文，文章的主题便是"要敬业乐业"。这是一个应然命题。主语是什么呢？这篇文章是作者1922年8月14日在上海中华职业学校的演讲。按语境分析，主语可以是"你们"，但文中提到："今日所讲，专为现在有职业及正在做职业上预备的人——学生——说法。""现在有职业"的人，显然包含作者本身在内。因而，这主语应当是"我们"。文章的主题是"我们要敬业乐业"，再展开，那就是"我们每个人都要敬业乐业"。因为，从业、敬业、乐业，这是社会个体的事情。用作者的原话说，则是："'敬业乐业'四个字，是人类生活的不二法门。"这就是这篇议论文的论点。

文章的主题，或文章论述的，并非国家或民族的大事，而是社会个体的日常生活。然而，作者却将社会个体的日常生活，与整个人类联系起来，立足于整个人类的生存发展，着眼于社会个体的日常生活，这就是梁启超的深刻。小事情里面有大道理，日常中有永恒，这就是深刻。因为这是人类的终极关怀，所以深刻。因为普适，所以深刻。

敬业乐业的思想，是梁启超"新民说"的体现。"新民说"是梁启超启蒙思想的核心。他认为,"新国"必先"新民"。作者心目中的新民,应当是尽责任的,因此在那篇《最苦与最乐》中提出,尽责任是人生最大的快乐。在作者看来,敬业乐业,便是"尽责任",便是"趣味",便是快乐。当大总统和拉黄包车都是正经事,并没有高下。这就是《敬业与乐业》的立意。这样的立意,这样的思想,是很深刻的。郭沫若说:"在他那新兴气锐的言论之前,差不多所有的旧思想、旧风习都好像狂风中的败叶,完全失掉了它的精彩。"胡适说,梁启超的文章"使人鼓舞使人掉泪使人感激奋发",还说"我个人受了梁先生无穷的恩惠"。萧公权说:"五四运动的领袖几乎没有一个不曾因读了他的文字而受到启发。"

本文思想的深刻,正如结尾所说"我相信人类合理的生活总该如此",所谓"合理",便是合乎人类理性。《敬业与乐业》立意的深刻,从根本上说就是因为合乎人类理性。这样的深刻,承继了民族先贤"敬业乐群"和"安居乐业"的思想,是对民族先贤思想的发扬光大。这样的深刻,也与西方的先哲一致。正如苏格拉底所说:"未经审视的生活是不值得过的。"

2. 结构严谨

《敬业与乐业》一文,结构十分严谨,全文5个部分。第1部分,即第1自然段:敬业乐业是人类生活的不二法门。第2部分,即2—5自然段:有业是敬业与乐业的前提。第3部分,即6—7自然段:论敬业。第4部分,即第8自然段:论乐业。第5部分,即第9自然段:人类合理的生活总该敬业乐业。第1部分是立论,第2部分是辅论,第3、4两个部分是主论,第5部分是结论。

哪个部分最重要?第3、4部分最重要,因为这是主论。这两个部分论证成立,就是两个分论点成立,全文的中心论点就成立。即使没有其他部分,逻辑上也能立得住。

我们先来看第3部分"论敬业"。论证的关键在于"为什么",也就是要给出理由,这理由能支持论点。为什么要敬业呢?作者给出了两个理由。第一,从客观上说,"凡职业没有不是神圣的,所以凡职业没有不是可敬的",不敬业"便是亵渎职业之神圣"。第二,从主观上说,"人生在世,是要天天劳作的。劳作便是功德,不劳作便是罪恶",不敬业,就会"把事情做糟"。作者运用正反论证,加强了文章的逻辑力量。这一部分不仅写为什么要敬业,也写了什么是敬业和怎样敬业。什么是敬业？作者说，集中精力，心无旁骛，就是敬业。怎样敬业？就是"因自己的才能、境地，做一种劳作做到圆满"。怎样做到圆满呢？"唯一的秘诀就是忠实"。论述什么是敬业和怎样敬业，可以帮助读者更好地理解为什么要敬业。

再看第 4 部分"论乐业"。为什么要乐业呢？作者给出的理由或论据是："苦乐全在主观的心，不在客观的事。"文章的论证是有层次的。作者又给出了理由的理由：第一，如果认为劳作痛苦，"淘神费力"，那么吃酒赌钱也是淘神费力，也是痛苦；第二，不愿意做事，是逃不掉的；第三，"凡职业都是有趣味的"。这第三个理由还有四层理由：一是职业都有曲折变化，"身入其中"最为"亲切有味"；二是刻苦奋斗中，快乐增加；三是"因竞胜而得快乐"；四是"省却无限闲烦恼"。上面的是理论论证，下面还有事实论证，或者说例证，那就是孔子"发愤忘食，乐以忘忧，不知老之将至"。

说过主论，再说辅论。辅论跟主论什么关系呢？"有业是敬业乐业的前提"这一辅论有三个论据：第一，"必先有业，才有可敬、可乐的主体"；第二，"无业游民"，大圣人"也没有办法"；第三，"百行业为先，万恶懒为首"。这是理论论据。还有事实论据：百丈禅师"一日不做事，一日不吃饭"。

有了第 3、4 两个部分的主论，文章便有了主体，加上辅论，文章就更加丰满。但文章还是散的，要有开头结尾，文章才完整。所以要有第 1 部分立论"敬业乐业是人类生活的不二法门"和最后一部分结论"人类合理的生活总该敬业乐业"，这样，文章的结构就严谨和完整了。

3. 语言典雅

梁启超的语言以典雅著称，《敬业与乐业》同样如此。

语言的典雅，首先在于词句的凝练庄重，这样的表达在《敬业与乐业》中俯拾皆是。如"劳作""征引""儒门""佛门""须知""日日如此""唯其如此"等。语言庄重，并非板着面孔说话。作者的语言既庄重，又平和亲切。例如："人生从出胎的那一秒钟起到咽气的那一秒钟止，除了睡觉以外，总不能把四肢、五官都搁起不用。只要一用，不是淘神，便是费力，劳苦总是免不掉的。"作者的语言平和，却又不乏生动。例如："今日大热天气，我在这里喊破喉咙来讲，诸君扯直耳朵来听，有些人看着我们好苦。"

语言的典雅,根本在于表达精准。例如:"我自己常常力求这两句话之实现与调和"一句中,"实现"与"调和"是不一样的,有层次。又如:"一个人对于自己的职业不敬,从学理方面说,便是亵渎职业之神圣;从事实方面说,一定把事情做糟了,结果自己害自己。"事物有不同的角度,哲人的思辨,根据事物的角度和层次,把话说得明明白白,把思想表达得妥妥帖帖。思想模糊的人写文章,话是飘着的,绕着的。

语言的典雅,背后是事物和思想的逻辑。例如"必先有业,才有可敬、可乐的主体",将有业与敬业、乐业的必要条件关系表达得清清楚楚。又如"只要你肯继续做下去,趣味自然会发生",将做事与发生趣味的充分条件关系表达得明明白白。

善于引用,也是《敬业与乐业》语言典雅的重要原因。例如:"孔子说:'饱食终日,无所用心,难矣哉!'"又如:"唯有朱子解得最好,他说:'主一无适便是敬。'"全文引用共12处,所引皆为大家。其中孔子5处,庄子2处,《礼记》、老子、朱熹、曾国藩、百丈禅师各1处。每次引用方式各不相同,各得其所。这些大家文字的引用,增强了文章的逻辑力量,增强了文章的文化张力,丰富了文章的审美境界。引用,用现在的话说,就是链接。用古代的话说,可以是"六经注我"。读这样的文章,不仅提升思想境界,而且增长学问,丰富审美趣味,增强语言表达能力。

语言的典雅,归根结底在于字里行间的情感。这位中国近代的启蒙思想家,行文总如与人促膝谈心,娓娓道来,语重心长。胡适说梁启超的笔端是藏着情感的,黄遵宪说梁启超的文字"惊心动魄,一字千金,人人笔下所无,却为人人意中所有,虽铁石人亦应感动,从古至今文字之力之大,无过于此者矣"。

竺可桢《大自然的语言》赏析

《大自然的语言》是一篇科学家写的说明文,作者竺可桢是著名的物候学家。他以科学家的缜密思维和典雅的文学语言,创作了这篇思路流畅、结构清晰、文字优美的文章,成为说明文的典范。

这是一篇物候学的科学小品。怎么样向社会普及专业科学,让大众通过一篇短文了解物候学知识,这不是一件容易的事。从某种意义上说,这比给博士生讲课或写书更难。事实上科学家不少,而科普作家并不多,原因大概也在这里。学生或许可以从这里学到文学作品中学不到的东西。

1. 缜密的说明思路

《大自然的语言》的典范,首先在于缜密的说明思路。

文章可以分为4个部分。第1部分(第1—3自然段):物候与物候学;第2部分(第4—5自然段):物候观测;第3部分(第6—10自然段):物候现象的决定因素;第4部分(第11—12自然段):物候学研究的意义。结构非常清晰。

只看大的部分,大概还不足以理解作者思维的缜密。我们还需要深入到各个部分的内部,分析到自然段之间甚至自然段的内部。第1部分:第1自然段写四季更迭、草长莺飞的物候现象,第2自然段写物候现象与农事的关系,第3自然段提出"物候"与"物候学"的概念。第2部分:第4自然段提出"物候观测"的概念并说明物候观测的好处,第5自然段是物候观测举例。第3部分:第6自然段是这一部分的概括,第7自然段写纬度对物候现象的影响,第8自然段写经度对物候现象的影响,第9自然段写高下对物候现象的影响,第7、8、9三个自然段写空间因素对物候现象的影响。第10自然段写古今或时间因素对物候现象的影响。第4部分:第11自然段多方面写物候学研究的意义,第12自然段是对上段的总结,也是对全文的总结。

本文缜密流畅的思路,更表现在各部分之间的联系。如果我们找出全文的几个关键词以及这几个关键词所形成的思维链条,那么文章的思路就会异常清晰地展现在我们面前:物候—物候学—物候观测—物候观测的决定因素—物候研究的目的。这几个关键词,正是全文的几个基本概念。这个思维的链条,其实正是概念的链条。

作者思维的缜密流畅,还在于文章说明的角度或思路,与人类的哲学常识高度一致。请看第3部分物候观测的决定因素:空间因素与时间因素。物候观测的空间因素:东西、南北、上下,或前后、左右、上下。读者看了之后的感想是——原来如此,再细一想——本该如此。还有可能看到中间,就猜到了最后,甚或会心一笑。这就是读者与作者的共鸣。

2.恰当的说明方法

说明文就要用说明方法。说明文的质量,在相当程度上取决于说明方法的运用。《大自然的语言》的成功,也得益于恰当地运用了多种说明方法。

首先是举例子的方法。举例,是人类说明事物的基本方法。普通百姓日常生活中也会经常用到,专家学者更是以之作为治学的基本方法。语言学家要用例句说明语言规律,数学家要用例题说明数学定理或数学方法。举例子的水平高低,在于例子是否典型,是否恰到好处,在于读者看了这个例子是否能马上明白你想说明的事情或道理。《大自然的语言》一文,作者举了好多例子。这些例子使得作者所讲的物候学的相关知识一下子就明明白白。成段的例子,是第 5 自然段关于物候观测记录的例子,花生减产的例子让读者一下子就明白了物候观测对于农业生产的重要。第 7、8、9、10 每个自然段都有举例。第 7 自然段,以南京桃花、刺槐比北京早开花的例子,说明纬度对物候的影响。第 8 自然段,以大连的连翘和榆叶梅开花比北京迟、烟台的苹果开花比济南迟的例子,说明经度对物候的影响。第 9 自然段,以华南丘陵地区引种热带植物,山腰成功山脚不适宜的例子,说明高下对物候的影响。第 10 自然段,以英国南部 18 世纪中叶到 20 世纪初叶,春天明显提前到来的例子,说明古今历时差异对物候的影响。这些例子常人是不知道的。举出这些典型的例子,既是作者科学专业水平的表现,也是作者说明水平的表现。

其次是作比较。比较也是人类基本的思维方法。事物的大小多少,时间的早晚长短,方法的优劣高下,人物的善恶贤愚,人们都要经常进行比较。比较也成了重要的说明方法。通过比较,人们对事物的特质或规律,认识就鲜明了。比较方法的运用,关键在于比较的事物或方面,选择对不对,比得准不准。《大自然的语言》一文,作比较的方法是必不可少的。因为通过比较,才能说明物候的差异。本文的比较同样集中在第 5—10 自然段:为了说明北京的物候,以 1962 年与 1961、1960 年比;为了说明纬度的差异对物候的影响,以南京与北京比;为了说明经度对物候的影响,以大连与北京比、济南与烟台比;为了说明高下对物候的影响,以山腰与山脚比;为了说明古今对物候的影响,以 18 世纪与 20 世纪比。我们看到,凡举例,必作比较。

再次是列数字。哲学家说："凡物皆数。"数字同样是人类认识和把握事物的重要形式或重要方法。因此,列数字自然也成了重要的说明方法。列数字,是为了说明的准确或精确。如果说举典型例子是专家学者的优势,那么,列精确数字更是专家学者的优势。因为只有某个领域的专家,才能清楚该领域的相关数字。一位善于说明的科学家,在写科普作品时,一定会自觉地列出本专业最重要最普通的数字。《大自然的语言》让我们鲜明地感受到了列数字这一说明方法的重要。你看,"南京桃花要比北京早开"与"南京桃花要比北京早开20天",哪个说明效果好?显然是后者,因为后者明确、精准。又如,"大连纬度在北京以南"与"大连纬度在北京以南约1°",哪个说明效果好?显然是后者。不仅精确,更重要的是,如果没有这个数字,可能会引起误解,以为大连北京的纬度相差很大,以为作者在强调纬度差异。有了这个数字,读者就明白,原来作者是在说明两地纬度相差无几,从而突出经度的意义。

课文还运用了下定义的说明方法。例如:"秋冬之交,天气晴朗的空中,在一定高度上气温反比低处高。这叫逆温层。"下定义是一种明确概念内涵的逻辑方法,明确概念是思维清晰的基本逻辑规范。作为说明方法,这是人类必然的明智选择。本文思维的严谨,与说明方法的恰当运用有密切关系。

3. 典雅的说明语言

《大自然的语言》的成功,不仅在于清晰流畅的说明思路、恰当自如的说明方法,更在于典雅的说明语言。

说明文的语言,首先要求准确。一方面,上文说到的列数字的方法带来了文章语言的准确。同时措辞的严谨,同样保证了语言的准确。"古代流传下来的许多农谚就包含了丰富的物候知识"中的"许多"是量的准确。"在地球上温带和亚热带区域里,年年如是,周而复始"这个"区域"的范围,排除了热带和寒带,这是范围的准确。"它比气象仪器复杂得多,灵敏得多",这是定性的准确。有时候,模糊的事物使用模糊词语来表达,恰恰是一种模糊的准确。"不久,布谷鸟也来了"中的"不久",就是一个模糊的时间概念。1962年的山桃苹果等的花期"比1961年迟十天左右"的"十天左右",也是模糊的准确;"比1960年迟五六天"的"五六天",也是模糊的准确。

本文语言是庄重的。这首先是大量虚词的使用，例如连词"从而"和副词"也"。"从而了解随着时节推移的气候变化和这种变化对动植物的影响"中的"从而"是为了表达事物之间的联系。"布谷鸟也来了"中的"也"，是因为前边说到了燕子归来。"活跃在田间草际的昆虫也都销声匿迹"这里的"也"是因为前面说到"北雁南飞"。本文语言的庄重还来自雅致的书面词汇的运用。例如"各种花次第开放"的"次第"，"燕子翩然归来"的"翩然"，"年年如是"的"如是"等。大量成语的运用，也增加了文章庄重典雅的色彩。如前两个自然段中的"田间草际""销声匿迹""衰草连天""风雪载途""周而复始""花香鸟语""草长莺飞"等。

大量成语和准成语四字格的运用带来文章庄重色彩的同时，并没有造成语言的呆板。其原因一方面在于，作者注意了长短错落，整散兼行。例如："冰雪融化，草木萌发，各种花次第开放""花香鸟语，草长莺飞，都是大自然的语言"。另一方面在于语言的生动。不必说比喻拟人等辞格的运用，就来看看描写的生动："植物的叶子渐渐变黄，在秋风中簌簌地落下来"，"变黄"写色彩，"簌簌"写声音，这就叫有声有色。

王安石《游褒禅山记》赏析

1. 山名的逻辑

《游褒禅山记》开头的说明，涉及三个山名："褒禅山""华山""花山"。那么，这篇游记为什么题为《游褒禅山记》，而未题为《游华山记》或《游花山记》？作者告诉我们，"华山"为"花山"之讹，"花山"才是本名。这是未题为《游华山记》的原因或理由。可是为什么不题名为《游花山记》？"花山"不是本名吗？既然"花山"是本名，而且这一本名是作者亲自考察到的，那么题为《游花山记》似乎更合理。可是作者偏偏题为《游褒禅山记》，这究竟是为什么？

这就涉及文章的立意：禅游与禅思。写这篇游记的出发点正在于记述禅游，表达禅思。《游褒禅山记》《游华山记》《游花山记》都有理由，那么《游褒禅山记》就表明了作者的倾向，他更喜欢"褒禅山"这一山名。王安石是一位富有禅意的作者，写过不少禅诗词。词如《望江南·归依三宝赞》："愿我速登无上觉，还如佛坐道场时,能智又能悲。"带禅意的诗更多。如《柘冈》:"万事纷纷只偶然,老来容易得新年。柘冈西路花如雪,回首春风最可怜。"《梅花》:"墙角数枝梅,凌寒独自开。"《登飞来峰》:"不畏浮云遮望眼,自缘身在最高层。"

《游褒禅山记》,作者有禅意,但更重要的前提是世间已有"褒禅山"这一山名。那么我们的问题是,为什么有"褒禅山"这一山名?作者的说明是:"褒禅山亦谓之华山,唐浮图慧褒始舍于其址,而卒葬之;以故其后名之曰'褒禅'。"这是"褒禅山"得名的缘由。"缘由"与"原因"还不是一回事,缘由可看成直接原因。那么间接原因,或者说背后更深刻的原因呢?有人将"花山"叫作"褒禅山",那是偶然的事情,根本在于为什么人们接受了"褒禅山"这一名称?——那就是"禅"有着深刻的社会基础,或者不妨说,禅意深入人心。

2. 记游的逻辑

游记或记游的基本要素是游踪、游观、游感。《游褒禅山记》记游的是第 1 自然段的后半部分和第 2 自然段。这里的游踪是一块石碑和两个山洞,整个褒禅山的风光压根儿没写。游观与游踪一致,写的是石碑上的文字、山洞的景观和游人。游感与游踪、游观一致,主要写的是未极游之乐的悔意。我们说游观、游感与游踪的一致,这是就文字的顺序说的。其实,正是为了写这样的游感,才写这样的游踪和游观。因而,游踪的文字少,游观的文字少,而游感的文字多。请看:

游踪与游观:

> 距洞百余步,有碑仆道,其文漫灭,独其为文犹可识曰"花山"。
> 其下平旷,有泉侧出,而记游者甚众,所谓前洞也。由山以上五六里,有穴窈然,入之甚寒,问其深,则其好游者不能穷也,谓之后洞。余与四人拥火以入,入之愈深,其进愈难,而其见愈奇。有怠而欲出者,曰:"不出,火且尽。"遂与之俱出。

游感:

> 盖余所至,比好游者尚不能十一,然视其左右,来而记之者已少。

盖其又深,则其至又加少矣。方是时,余之力尚足以入,火尚足以明也。既其出,则或咎其欲出者,而余亦悔其随之,而不得极夫游之乐也。

游感的文字与游踪、游观之和相当,这足以说明作者对游感的重视。

3. 游思的逻辑

游思,是游感的升华。大部分游记,游思是与游感在一起的,作为游感的一部分,或融会在游感中。而《游褒禅山记》却专写两段游思,讲道理,表达思想。即文章3、4两个自然段。第3自然段为主,第4自然段为辅。第4自然段谈的是治学当深思而慎取,以免谬说流传,主要的游思或作者要表达的主要观点在第3自然段。

第3自然段的核心思想或核心观点是:"夫夷以近,则游者众;险以远,则至者少",这里讲的是路之远近与至者多少之间的关系。"世之奇伟、瑰怪,非常之观,常在于险远"这是核心观点的引申,讲的是奇伟之观与险远之间的关系。由于上文是远近对举,险夷对举,所以这里要表达的思想实质是夷近与险远对举,平常与非常对举。"而人之所罕至焉,故非有志者不能至也"将上面两层意思联系起来,并引出"志"与"至"的关系。再接下来,"有志矣,不随以止也,然力不足者,亦不能至也。有志与力,而又不随以怠,至于幽暗昏惑而无物以相之,亦不能至也。"讲的是"至"的三个条件,或者说实现目标、达到理想境界的三个条件。一个主观条件:有志;两个客观条件:有力,有物质条件。"然力足以至焉,于人为可讥,而在己为有悔;尽吾志也而不能至者,可以无悔矣,其孰能讥之乎?"讲的是"至"与"悔"的关系。即,可至而未至则悔,不可至而未至则不悔。综上所述,我们看到,《游褒禅山记》所表达的思想是丰富而深刻的。

4. 记事的逻辑

第5、6自然段是记事,这是古人游记的有机组成部分。如柳宗元的《小石潭记》:"同游者:吴武陵,龚古,余弟宗玄。隶而从者,崔氏二小生:曰恕己,曰奉壹。"本文第5自然段记述的正是同游者:"四人者:庐陵萧君圭君玉,长乐王回深父,余弟安国平父、安上纯父。"其中"庐陵""长乐"为地名。"萧君圭""王回""安国""安上"是人名,因安国、安上是自己的弟弟,所以前面不加姓。"君玉""深父"

"平父""纯父"是字。"父"同"甫"。即王回字深甫,安国字平甫,安上字纯甫。译为现代汉语即"庐陵人萧君圭,字君玉;长乐人王回,字深甫;我的弟弟王安国,字平甫;(我的弟弟)王安上,字纯甫"。第6自然段是作记的时间和作者。其中"临川"是地名,即王安石的籍贯。

5. 不似游记,胜似游记

一般的游记,自然以游踪、游观为主,也就是说,主要写走了什么地方,看到了哪些景观。即如上文提到的《小石潭记》,全文二百余字,游感仅二十余字,仅十分之一。而王安石的《游褒禅山记》与一般的游记有着明显的区别,那就是游踪、游观少,而游感、游思多,游感、游思的文字超过了游踪、游观的文字。从这个意义上说,《游褒禅山记》简直不像游记。然而,《游褒禅山记》又的确是千百年来人们所喜爱的游记,已经成为游记的经典。人们喜爱这篇游记的主要原因,大概又恰恰在其游感、游思,文章的思想给人以深刻的启示。从这个意义上说,王安石的《游褒禅山记》拓展了游记的形式,拓展了游记的文化空间。我们甚至可以得到超越游记文体的启发,那就是,好文章的根本在于能够给人以启迪。

一场经典生动的辩论赛
——《两小儿辩日》的语文教育价值及其教育策略

1. 两千年前的一场辩论赛

在两千多年前,曾经有过这样一场生动的辩论赛。

这是一场很正规的辩论赛。这场辩论赛有正方、反方,有辩题,有主持人,有评委。正、反方各自为自己的辩题提供了相应的论据。最后评委还进行了点评。总之,当下辩论赛应当具有的各种要素一应俱全。

这又是一场很有特色的辩论赛:其一,辩论赛的规格是很高的,它的主持人和评委是大名鼎鼎的孔子。其二,这位主持人和评委不是辩论赛的主办者请来的,而是孔子主动担任的。其三,这场辩论赛的主办者是辩手自己,或者说,是双方辩手自己主办了这场辩论赛。更准确地说,是双方辩手自发地进行了这场辩论。其四,辩题是双方辩手自己确定的,这样的辩题和辩论更自然,更有生命力。其五,辩论的结果竟然没有胜负。其六,大评委孔子竟然也不能确定孰是孰非。其七,辩手们竟然敢于笑话大评委、大学者孔子。

这场辩论赛的辩题是"太阳早晨近中午远/太阳早晨远中午近",这是一对有趣的辩题,探究自然界的奥秘,始终是人类最感兴趣的话题。这也是一对高层次的辩题。两千多年前,人类对自然界、对日月星辰的运行规律,还所知甚少。这一对辩题,或许可以说是一个科学前沿的问题,代表了当时科研水平的高度。这还是一对从生活实践中来的辩题,生活经验让人们感觉到早晨的太阳与中午的太阳有区别。这又是一对高难度的辩题,因为没有任何资料可供查阅,更不用说互联网了。同时,这更是一对逻辑性较强的辩题。一方面,双方的观点构成了反对关系,即不可同真却可同假,这样的辩题比矛盾关系和小反对关系的辩题思考与论辩的空间大,有张力;另一方面,辩题匀称,平稳,公平,这一点从辩论的过程也可以看出。

这是一场精彩的辩论赛。

第一,双方辩手能够从不同角度陈述理由,进行论证。正方为"太阳早晨近,中午远"这一论点提供的论据是"近者大,远者小"和"太阳看起来早晨大,中午小"。这是从大小与远近的关系来思考问题。反方为"太阳早晨远,中午近"这一论点提出的论据是"远者凉,近者热"和"太阳早晨感觉凉,中午感觉热"。这是从凉热与远近的关系来思考问题。这样的论证恰好体现了辩论的价值,在于促进大家全面地认识事物。

第二,双方提出的论据是真实的,而且是共识。从真实的理由出发,才能获得真实的结论,这样的讨论或辩论才有意义。从共识出发,讨论或辩论才能得以进行,否则辩论就将沦为吵架。

第三,双方的理由可以使各自的观点获得解释力。(两小儿的论点和论据均为两面对举,为便于分析,取其一面简化之。下同)

正方:	反方:
近者大。	远者凉。
太阳早晨近。	太阳早晨远。

> 所以,太阳早晨大。　　　　　所以,太阳早晨凉。

这是两个有效推理。

第四,双方的理由又不能确证论点。论点能够解释一个事实,只能说明事实对论点有一定的支持力,但这样的支持是归纳的,需要有许多类似的事实才能获得较强的支持力。而下面的演绎论证又不能成立,因此,两小儿提出的理由不能确证各自的论点:

正方:　　　　　　　　　**反方:**
> 近者大。　　　　　　　远者凉。
> 太阳早晨大。　　　　　太阳早晨凉。
> 所以,太阳早晨近。　　所以,太阳早晨远。

这是两个无效推理。不能确证自己的论点,这在辩论中是很正常的。两小儿的论点不可同真。如果双方都确证各自的论点,反倒是不可思议的事情。

第五,这些理由正好可以驳倒对方的论点。

正方:　　　　　　　　　**反方:**
> 远者小。　　　　　　　近者热。
> 太阳早晨大(不小)。　　太阳早晨凉(不热)。
> 所以,太阳早晨不远。　所以,太阳早晨不近。

这是两个有效推理。正方小前提中"大"是对大前提中"小"的否定,因此结论中以"不远"否定大前提中的"远"。反方小前提中"凉"是对"热"的否定,因此结论中以"不近"否定大前提中的"近"。

第六,辩论双方势均力敌,旗鼓相当。从上面的分析,我们可以看到,正反双方提出的论据对于论点的支持力和对于对方论点的反驳力完全相同。

第七,辩词生动。这里有形象的比喻,还有反问的句式,使辩词从内容到形式都很生动。

《列子·汤问》的《两小儿辩日》准确、简洁,恰到好处地描写了这样一场生动而经典的辩论赛,让两千多年后的人们叹为观止,并引发我们深深的思考。

2.《两小儿辩日》的语文教育价值

《两小儿辩日》有着丰富而深刻的语文教育价值。

感受大自然的神奇美好。《两小儿辩日》通过两小儿的话语所表现的大自然是那样美好可爱。这里虽然没有山的雄奇和苍翠,没有水的柔美和浩渺,然而大自然却是那样的神奇:太阳早晨大如车盖而中午小如盘盂,早晨沧沧凉凉而中午热如探汤,其间究竟藏着怎样的奥秘啊!

体验探索自然奥秘的乐趣。《两小儿辩日》为我们展现了童年生活的生动画面。故事里的两小儿是那样天真快乐,无忧无虑。他们的快乐是与探索大自然的神奇和奥秘联系在一起的。他们在日常的生活中观察到、感受到了大自然的神奇,渴望了解和理解它的奥秘,他们思考着、讨论着,在思考和讨论中享受着他们的快乐。这样的快乐不是物质利益的满足,而是精神的享受。这样的精神享受与名誉地位无关,乃是人类最高尚的精神境界。

学习探索自然奥秘的方法。《两小儿辩日》文章虽短,却有着深刻的方法论意义。从宽泛的意义上说,这里有观察、思维、讨论。就思维层面而言,这里有逻辑的方法和辩证的方法。正是从不同角度观察分析事物的辩证方法,才使得这场辩论成为可能。从逻辑层面上说,这是假说的逻辑方法,是假说的证实与证伪。人们对一些事物或想象不能解释,往往要作出假定性的解释,这种假定性的解释就是假说。假说是通向真理的桥梁。魏格纳的大陆漂移说就是用来解释大西洋两岸对应现象的假说。假说需要证实或者证伪。假说如果能够解释一个事实,那么这一假说就获得了一个支持。但还不能证实假说,因为从事实到假说使用的是肯定后件式的假言推理,没有必然的保真性。一个假说需要解释很多事实才能获得证实,因此,假说的证实往往需要长期的艰苦工作。但假说的证伪却是比较容易的,只要有一个事实否定这一假说,假说就被证伪了,因为假说的证伪使用的是假言推理必然有效的肯定后件式。两小儿辩日的故事为我们生动地展现了假说的证实与证伪。一儿根据"太阳看起来早晨大中午小"这一现象提出了"太阳离地球早晨近中午远"的假说,另一儿根据"太阳早晨凉中午热"的现象提出了"太阳离地球早晨远中午近"的假说。这两个假说正好是相反的,所以才要辩论。辩论的过程正是假说的证实与证伪的过程。一儿以"太阳离地球早晨近中午远"这一假说解释了"太阳看起来早晨大中午小"的现象,使假说获得了一个支持。另一儿以"太阳早晨离地球远中午离地球近"这一假说解释了"太阳早晨凉而中午热"的现象,也使假说获得了一个支持。但他们都尚未证实自己的假说。相反,他们提出的现象却正好可以证伪对方的假说。一儿以"太阳看起来早晨大中午小"的现象能够证伪另一儿"太阳离地球早晨远中午近"的假说;另一儿以"太阳早晨凉而中午热"的现象能够证伪"太阳离地球早晨近中午远"的假说。现代科学知识告诉我们,从宏观的意义上说,太阳早晨和中午与地球的距离大致相等。当时的孔子却不知道,所以"不能决"。然而孔子"不能决"的最深刻的原因却并不在于不具备我们今天的科学常识,而在于不具备演绎推理的逻辑知识,因而也不具备假说证实与证伪的逻辑知识。否则,根据两小儿的论题被相互证伪,就能够合乎逻辑地推出"太阳早晨和中午与地球的距离大致相等"这一命题。说寓言中的孔子不具备相应的逻辑知识,其实是寓言的作者和整个时代的人都不具备这样的知识。"不能决",反映了整个时代的困惑。我们的先哲的思想离今天的科学知识仅一步之遥,与一个伟大的发现失之交臂,其原因恰恰在于逻辑科学的发展尚未提供必要的思维工具,这说明逻辑的思维工具何等重要?

培养科学精神。《两小儿辩日》中尊重事实、崇尚论证的情境对培养学生的科学精神具有重要意义。

从形式上说,《两小儿辩日》是一篇精美的先秦散文,作者以寓言的形式表达自己探索自然奥秘的深刻思想。说是两小儿辩日,其实是作者自己在辩日,是自己对于大自然的两种不同的猜想在辩论。说是孔子不能决,其实是自己不能决。抽象的思想形象的表达,既是作者的言语智慧,也是许多先秦散文的共同特色。这种语言艺术,在今天仍然富有生命力。阅读《两小儿辩日》,正可以使学生领略和学习文本的语言艺术。

当然,《两小儿辩日》作为文言文,培养文言文阅读能力的价值无须赘言。

《两小儿辩日》具有如此丰富而深刻的语文教育价值,作为语文教材的传统名篇,它是当之无愧的。

3.《两小儿辩日》的语文教育策略

之所以谈教育策略,是因为问题超出了教学层面。这里的首要问题是:《两小儿辩日》应当安排在哪一个学段?部编版教材之前有初中语文教材选编了此文,也有小学语文教材选编此文。这一情况足以说明语文界对这一文本的钟爱。将其放在小学语文教材,是因其浅显的文字和生动的情趣,这是有道理的。部编版将其放在了六年级,但我以为,从文本丰富而深刻的文化内涵来看,还是将其安排在初中更好。安排在小学可能教学难度较大,如果学得一知半解,不仅浪费了宝贵的课程资源,而且容易养成不求甚解的阅读习惯。

紧接着的问题是:《两小儿辩日》应当安排在哪个年级?我以为,应当安排在初三,安排在学过议论文特别是驳论之后。因为这样,学生便于理解其中的逻辑结构和深刻的文化内涵。反过来说,这篇文言文的学习特别有助于将议论文的学习和理解引向深入。

下面便是教学层面的问题了。《两小儿辩日》的教学应当采取诵读、口译、讨论、讲解交叉反复的教学策略。

读是语文阅读教学的基本方法,不读就是不务正业。文言文的教学,更应当多读,以加强语感。篇幅短小的文言文,则应熟读成诵。《两小儿辩日》的教学正应如此。这里应当有范读、自读、试读、熟读、背诵的不同环节。由范读开始,继之以自读、试读,在试读时正字正句。

口译也是文言文课堂教学的基本方法。《两小儿辩日》文字浅显,篇幅短小,两三位同学分别翻译全文,比较优劣,教师适当匡正便可完成这一环节,用时不多。

讨论是理解文本文化内涵与表达形式的重要方法。《两小儿辩日》的讨论可集中于如下问题:(1)你同意两小儿的论据吗?(2)两小儿的论点能解释各自提出的现象吗?(3)两小儿的论据能否证明各自的论点?(4)两小儿的论据能否驳倒对方论点?(5)如果两小儿的命题都虚假,我们能够得出什么样的结论?(6)孔子为何不能决或者不能决什么?问题(1)的意义在于培养学生寻求共识的论证观念,因为如果论据不是共识,论证和讨论就无法进行下去,或者说论证和讨论就失去了意义。问题(2)(3)(4)是文本文化内涵的核心问题,即观点与理由的关系,这也是讨论的难点所在。问题(5)(6)是讨论的延伸。上述问题是由浅入深的,有梯度,有弹性,教学时可依实际情形取舍。问题全部解决,收获巨大,堪称思想的盛宴;解决前四个问题,教学已圆满;解决前三个问题,已收获颇丰。

讨论应当解决的问题和实际教学中提出的问题是可以有所区别的。为了教学过程不致僵化,教学时可提出有张力的柔性问题引导学生思考。比如:"如果让你来当这场辩论赛的评委,你觉得两小儿谁辩得更好? 为什么?"

为了学生能顺利地克服难点,教师需讲解相关的知识来配合讨论。讲解在语文教学中永远具有不可替代的意义,"听君一席话,胜读十年书"的说法,证明存在着那样一种事实和可能:教师短时的讲解对学生的启发可以超过学生长时间阅读的摸索。关键在于讲的内容、时机和分寸。《两小儿辩日》的教学需要讲解的是关键句的语义分析。本文的关键句是"远者小而近者大"和"近者热而远者凉"。因为"远近"是双方辩论的焦点,"大小"和"凉热"则是各自的理由,而"远者小而近者大"和"近者热而远者凉"是将不同的关键词联系起来的句子。以一儿为例,可分析"近者大而远者小"。"近者大"的语义可分析为"太阳如果离得近,那么看起来大","远者小"的语义可分析为"太阳如果离得远,那么看起来小"。接下来是对"如果……,那么……"这一句式作进一步的语义分析。这一句式学生并不陌生,但对其语义尚缺乏深层次的了解和把握。本文正是帮助学生理解其深层语义的最佳语境。因为学生面对有一定难度的问题,正处于"愤""悱"之时,也正是以适当的知识进行启发的契机。"如果……,那么……"这一句式的意义在于表达条件与结果之间的联系,即"有某一条件就一定有某种结果;反之,没有这一结果,就一定没有这一条件。但没有这一条件,不一定没有这一结果;因而,有这一结果不一定有这一条件。"

根据"如果……,那么……"的语义,学生可以评判文本中小儿的推理:以猜想解释现象的推理"太阳如果离得近,那么看起来大。太阳早晨离得近。所以太阳早晨看起来大。"是通过肯定条件来肯定结果,因而有效。问题(2)得以解决。以现象证明猜想的推理"太阳如果离得近,那么看起来大。太阳早晨看起来大。所以太阳早晨离得近。"是通过肯定结果来肯定条件,因而无效。问题(3)得以解决。以现象反驳对方猜想的推理"太阳如果离得远,那么看起来小。太阳早晨看起来大(不小)。所以太阳早晨离得不远。"是通过否定结果来否定条件,因而有效。即小儿以自己提供的现象能够驳倒对方的猜想。问题(4)得以解决。这里需要向学生指出的是,"大"可以推出"不小",但"不远"却不能推出"近",因为"不远"包括"近"和"距离相等"两种可能。因此,小儿提供的现象虽然可以推翻对方的猜想,却并不能证明自己猜想的正确。上面分析的是第一个小儿的推理,第二个小儿的推理的形式与正误完全相同。

此时,可顺理成章地将讨论引入问题(5)。由于两小儿的论点都可被推翻,因此,我们可以必然地推出结论:宏观地说,太阳早晨和中午与地球的距离大致相等。而这一点正与学生所掌握的自然科学知识吻合。这是整个教学过程最精彩的地方,或者说是整个教学过程的高潮。学生可以从思维实践中强烈地体验到推理的巨大力量。

整个教学过程以文本的熟读背诵结束。在诵读文本的过程中,学生将愉悦地回味文本精湛的文化内涵。

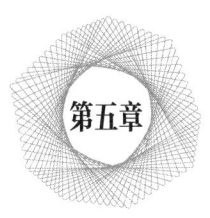

第五章

语文教学的逻辑原则

言之成理
——课堂对话的基本原则

要在语文教学中倡导逻辑理性,最根本的方法是在课堂讨论中倡导持之有故,言之成理,从而使学生明白,任何观点、任何思想都应当是有理由的。而这正是逻辑理性的要义。不少语文课堂为了鼓励学生参与讨论,发表意见,无论学生说什么都加以肯定,美其名曰尊重学生的主体地位或自主学习。殊不知这样的讨论放弃了培养科学思维和逻辑理性的重要契机,养成了学生不仔细阅读课文的习惯,导致其思维的随意性。

例如在进行《理想的阶梯》一文教学时,教师要求找出课文的分论点。有学生回答:"四个分论点。第一,理想的阶梯属于刻苦勤奋的人。第二,理想的阶梯属于珍惜时间的人。第三,时间的流逝是无情的。第四,理想的阶梯属于迎难而上的人。"教师追问理由。学生认为文章有四个自然段,每个自然段就是一个分论点。学生的解释未能言之成理。教师指出这一理由不成立,告诉学生"时间的流逝是无情的"这一段是进一步分析第二个分论点"理想的阶梯属于珍惜时间的人"。追问理由,是培养学生言之成理意识和习惯的好方法。

培养学生言之成理的逻辑理性,教师的教学本身首先必须言之成理,否则必将给学生的思维发展带来困惑和障碍。宫振胜教授曾说过一个教师不讲理的案例,可以作为教师教学研究的反面教材,引起我们的警惕。老师问学生:"神九飞天,需要千万单位协作,体现什么精神?"学生回答"协作精神""科技精神""集体精神""互相帮助的精神",均被教师否定。最后教师公布的答案是"民族精神"。单位协作,与民族精神的逻辑联系是什么?教师并不解释,只强行公布一个答案,这样的教学比灌输式和牵羊式还要糟糕得多。

持之有故
——忠实文本的教学规范

语文教学应当尊重学生对文本的多元反应和独立见解。过去对文本文化内涵的理解定于一尊的做法是违反规律的,教师把所谓的标准答案告诉学生的做法更为有害。然而,独立见解也是需要理由的。语文教学应当培养学生持之有故的良好习惯。

《犟龟》的教学中,教师引导学生思考:"犟龟坚持要去参加狮王的婚礼,它的愿望实现了吗?"有的学生说:"犟龟没有实现自己的愿望,因为犟龟赶到那里的时候,狮王二十八世已经在与其他动物的争斗中战死。"另一位同学说:"犟龟实现了自己的愿望,因为它的目标是'参加有史以来最隆重、最热闹的婚礼'。虽然狮王二十八世已经战死,但它赶上了狮王二十九世的婚礼,而狮王二十九世的婚礼正是有史以来最隆重、最热闹的婚礼。"这样的讨论就是有理有据的。

《陈太丘与友期行》的教学中,教师问学生:"元方'入门而不顾',是不是对父亲的朋友不礼貌啊?"有学生说:"是不礼貌。父亲的朋友是长辈,对长辈应当客气一些。"教师这样的设问是不恰当的,其实质不是语文教学,而是道德说教,而且是游离于文本主题之外的说教。另一位同学的回答挽救了这堂语文课:"这篇课文的主题是'诚信',与礼貌无关。在元方看来,父亲的朋友未能遵守与父亲的约定,缺乏诚信,因而不屑一顾。'入门而不顾'正是孩子率真的表现。"

《春》的教学中,教师让学生概括段意。"桃树、杏树、梨树,你不让我,我不让你,都开满了花赶趟儿"这一段,第一位学生概括的段意是"春树",第二位同学概括的段意是"春花"。教师问全班同学的意见,大家都同意"春花"。问谁能说服第一位同学。好几位同学都未能说服。最后有一位同学说:"这一段不光写了树上的花,而且写了地上的野花。'春树'概括不了这一段的全部内容。"第一位同学终于被说服,放弃了"春树"的答案,接受了"春花"的答案。

质疑
——引导思维的有效方法

要培养学生持之有故的习惯,教师应当以经常的质疑引导学生反思。《看云识天气》的教学中,有学生将云分为"晴天的云"和"雨雪天气的云"。教师提出质疑:"课文告诉我们:'那些低而厚密的云层,常常是阴雨风雪的预兆',其中的'预兆'该怎样理解?"学生醒悟了,将云的种类分为"晴天将持续的云"和"雨雪天气将来临的云"。学生的思维品质就是在这样的质疑和反思中潜移默化地优化了。苏格拉底的精神助产术,在本质上就是质疑的方法。小学语文课,教师问学生,"新月"是什么?学生说,"新月"就是新的月亮。老师问,月亮有旧的吗?学生说,"新月"是刚出来的月亮。老师问,每天刚出来的月亮都叫"新月"吗?学生终于明白,"新月"是月初的月亮。

语文课堂的讨论和质疑,不仅可以指向文本的思想内容,而且更应当指向文本的语言表达形式。一位教师教学说明文《一个好树种——泡桐》,问学生:"课文第1自然段概括说明泡桐的特点是生长快、分布广、材质好、用途多,适于农桐间作,后文具体说明的顺序也是这样吗?"学生看课文,摇头说"不是"。问:"先写了什么?"答:"先写了分布广。"教师紧跟着质疑:"为什么不一致呢?这样写有什么好处吗?"学生思考后说:"第2自然段开头写了泡桐的原产地和种类,这样的内容比上来就写生长快的特点更自然。既然写了原产我国,写了种类,接下来写分布广就很自然。"同学们点头,教师肯定。一会儿,另一位学生站起来说:"适于间作和材质好、用途广这些特点的顺序与概括说明也不一致。可能是因为,第3自然段写了生长快,所以接下来就写适于间作,因为适于间作也是从生长规律来分析的。"又有学生补充:"把材质好和用途多写在后面更好。"教师通过切实的质疑,引导学生深入课文的机理,把握作者的思路,并借以感悟写作的一般规律。学生不仅知其然,而且知其所以然。

逻辑思维与语文教育

望文生义的课例评析
——一位语文教师的教学反思

《语文建设》2002年第1期上刊登过一位教师的教学反思《"碧透"还是"红透"?》,文中讲述师生围绕"漫江碧透"的"碧"字作了一个讨论,一位学生认为,"万山红遍"了,景色倒映在江水里,江水应变成红色了,那毛主席这里不应该用"碧"。教师认为该学生说得有一定道理,一位湖南籍的学生提出了自己的看法,岳麓山山坡比较缓,山峰也比较矮,不可能倒映在江水里,所以湘江的秋水确实是"碧绿"的。至此,师生一起观摩了一段湘江秋景的影像,仔细观看了岳麓山的地理风貌,终于得出了正确的认识,湘江的秋水的确是"碧绿"的。教师最后的反思是:"这一课,在民主的教育环境中,学生的创新精神得到了有效的保护和培养。"

这堂课最值得反思的要点,真的是"民主的教育环境"和"学生的创新精神"吗?诚然,课堂教学鼓励学生发表意见,的确是民主的教学环境。但问题的关键却不在这里。其实,这堂课最值得反思的地方,在于阅读和阅读教学如何避免望文生义,如何坚持持之有故。教师教学中有一段自己对"看万山红遍,层林尽染;漫江碧透,百舸争流"一句的赏析:

> 远望岳麓山脉,层峦叠嶂,层层叠叠的枫林,经自然之神彩笔的点染,一片嫣红,比春花还要艳丽,比彩霞还要瑰奇;近看脚下的湘江,秋水清澈晶莹,如碧绿的翡翠,似透明的水晶,江面千帆竞发,百船争渡,生机勃勃。真是江山如画!

课文明明只写了"万山",讲成"层峦叠嶂"的依据是什么?课堂上的许多麻烦都是这样望文生义和随意发挥惹的祸。进一步的反思应当是,教师解读课文的教学语言华而不实。"比春花还要艳丽,比彩霞还要瑰奇""如碧绿的翡翠,似透明的水晶"之类的比喻也不出彩,不仅不能给学生以语言的示范,反而会误导了学生。哪如让学生诵读原文?再进一步的反思应当是,课文的内容为什么要

由教师讲给学生听？语文教学应当引导学生从字里行间读出课文的思想情感，而不能直接告诉学生。

引导思维的典范课例
——郭初阳执教《祖国啊，我亲爱的祖国》

师：今天，上一首诗，是舒婷的作品，题目是《祖国啊，我亲爱的祖国》。我们知道，提起舒婷，就会想到一个诗派，就是所谓的朦胧诗派。可能现在看起来，其实一点都不朦胧。在当年，一些人读起来读不懂，所以称之为"朦胧"。

舒婷是这中间的一个代表人物。这首诗歌写于20世纪70年代的末期，在80年代风靡一时。提起舒婷，人们马上就想起这首《祖国啊，我亲爱的祖国》，它其实带有一点时代的烙印。到现在已经有二十多年过去了，26年了啊，舒婷现在已经53岁了。那么我们在这么一个时刻回过头来读当年朦胧诗派的一个代表作，看看能不能读出一些新的东西。

首先我想这样，前面三节，我想请同学来朗读一下。诗歌，尤其是抒情诗，我们读着读着，很容易带感情。我现在要求，先不带感情，我们等会请同学站起来朗读的时候，请你不要带感情，你就只是朗读。

陈同学读第一节：

> 我是你河边上破旧的老水车，
> 数百年来纺着疲惫的歌；
> 我是你额上熏黑的矿灯，
> 照你在历史的隧洞里蜗行摸索；
> 我是干瘪的稻穗；是失修的路基；
> 是淤滩上的驳船
> 把纤绳深深
> 勒进你的肩膊；
> ——祖国啊！

柯同学读第二节:

我是贫困,
我是悲哀。
我是你祖祖辈辈
　　痛苦的希望啊,
是"飞天"袖间
千百年来未落到地面的花朵;
——祖国啊!

高同学读第三节:

我是你簇新的理想,
刚从神话的蛛网里挣脱;
我是你雪被下古莲的胚芽;
我是你挂着眼泪的笑涡;
我是新刷出的雪白的起跑线;
是绯红的黎明
　　正在喷薄;
——祖国啊!

师:请坐。读着读着就好像这个人要激动起来啊。(学生笑)诗歌是有一种感染力的,会让人激动起来。平静一点。好,那么给大家一点点时间,请你,在前面两小节里,找出诗歌中最主要的几个意象。然后,把它前面的修饰语也圈一下,好不好?然后我请同学来说一说,她选择了哪些意象,这些意象又构成了怎样一种完整的图景?给人怎样的感受?

(学生寻找诗歌意象)

师:好,我们就轮下去吧。(示意)来,后面。每人说一个意象好了。

徐同学:破旧的老水车。

师:老水车。老水车是怎么样的啊?

生:破旧的。

师:破旧的。请坐。

史同学:熏黑的矿灯。

师:矿灯,是熏黑的。

周同学:疲惫的歌。

师:哦,歌,歌声,歌是非常疲惫的。

俞同学:干瘪的稻穗。

师:稻穗是干瘪的。瘪,第三声噢。

林同学:失修的路基。

师:路基是失修的。还有吗?

王同学:淤滩上的驳船。

师:驳船在淤滩上,行进很艰难啊。

喻同学:还有,千百年来未落到地面的花朵。

师:请坐。花朵稍微亮丽一点,但是花朵在这里是……未落到的,未落到地面的。那么,我们同学所罗列的这样一些意象,给人一种怎样的整体感觉?

黄同学:嗯,我觉得是一种颓废的,很黑暗的画面。

师:颓废,或者黑暗,请坐。

谢同学:忧郁的。

师:非常忧郁的,请坐。

丁同学:我觉得就是一种很无望,很破旧的。

师:无望和破旧。其实在诗歌第二节里有几个词语概括了这样一种感觉,是吧?我是——

生:贫困。

师:我是——

生:悲哀。

师:我是——

生:希望。

师:在这个"希望"前面有一个修饰语,是——是"痛苦的",对吧?

贫困的，悲哀的，痛苦的。老水车，失修的路基，是这样一种感觉啊，给人这样一种图景，啊，这就是，我们的祖国。这是诗人在前两节中营造出来的整体的感觉。

那么接下来，我想这样，我们来听。刚才说的，朗读要客观，不要抒情。接下来我们听，一种抒情的朗读，极其抒情啊，这样就有一种强烈的对比。

大家一边听一边来思考一下，这种朗读里面，两种感觉很不一样。就是前三节，很不一样。在这样一种反差中，你用一个词语来概括，它分别代表了祖国的哪两个不同的时段、不同的时刻。第二个要思考的就是，请你找出一对反义词，其实第一、二节和第三节中的反义词有很多。请你找出一对合适的反义词，分别来概括这两个不同的时段。我们一边听一边来思考这两个问题。

（播放前三节录音）（学生间或轻笑）

师：是哪两个不同的时段？你是否能找到一对合适的反义词来分别加以修饰？合适的反义词有很多。等会我请同学讲的时候，前面同学讲过的，后面的就不要再重复了。

肖同学，你先来说说好不好？第一、二节好像和第三节，时间段不一样，你简单说一下好吗？

肖同学：我觉得前面应该是中国最贫穷的时候，也就是最困难的时候，然后是"文化大革命"发生的时候。后面就是中国开始有新的发展，就是"文化大革命"结束的时候。

师：哦，你的意思也就是说如果我们给它定一条界线的话，这里应该是，（指前两节）这个是"文化大革命"发生的时候，（指第三节）这个是"文化大革命"以后？是这样一个说法吗？好，请坐。（示意后一位同学）陈同学，你有没有什么不同的看法？

陈同学：我觉得前面一段是解放以前，然后后面一段是在解放以后。

师：请坐。其实这两位同学的说法我们可以把它简单化处理，就是，前两节讲的是"过去"——我们可以稍微笼统一点——而后面，第三节讲的是"现在"，对吧？我觉得这样可能更简单一点。

至于这具体是什么时刻，我们等会再研究。那么过去是怎么样的，现在又是怎么样的,其实在诗歌本身中,有许多强烈的对比。那我们来请同学说一说,分别罗列一下,过去,什么词语;现在,什么词语。它对得很紧,这个很有意思。(示意)你来说,姚同学。请你找一对合适的词语来说,好吗? 过去怎么样?

姚同学:过去是……过去是悲哀。

师:过去是悲哀的,现在是怎么样的?

姚同学:笑涡。

师:现在是笑的,请坐。(示意)方同学,还有吗?

方同学:过去是破旧的。

师:过去是破旧的。

方同学:现在是簇新的。

师:现在是什么? 现在是簇新的,崭新的。(示意)赏同学。

赏同学:嗯,过去是,熏黑的。

师:过去是熏黑的。现在是……

赏同学:雪白的。

师:现在是雪白的。(示意)来,再往后。

朱同学:说光了。

(学生、老师笑)

师:(示意)刚才赏同学说的,过去是熏黑的,后面还可以找到另一个反义词。现在是怎么样的?

朱同学:绯红的。

师:欸,现在是绯红的,这也可以作为一个反义词啊。还有没有了? 林同学,还有吗?

林同学:我觉得,过去是在隧洞里面,而现在是在黎明。

师:哦,这里也是一个黑和亮的问题,是吧? 其实刚才林同学讲的,在隧洞里面,这里还有一个关于速度的词语。陆同学,过去是怎么样的?

陆同学:过去是蜗行的。

师:过去是蜗行的,走得非常非常慢,像蜗牛在爬行啊。

陆同学:现在是喷薄。

师:喷薄? 还有还有,其实还有一个,没有直接讲到。

陆同学:起跑线。

师:马上就要怎么样?马上就要奔跑。这个速度感很不一样啊,请坐。还有,朱同学,还有吗?

朱同学:不知道。

师:不知道啊。金同学,还有吗?

(金同学犹豫)

师:也不知道。何同学,还有吗?

何同学:过去是沉重的,现在是欢快的。

师:这是整体的感觉啊。过去是沉重的,现在是欢快的。其实我们讲到这里,还有一个意象。对,许同学,你有什么补充?

许同学:应该是,过去是干瘪的稻穗,现在是古莲的胚芽。

师:马上就要发芽了,对吧。过去那东西是,再也不能发芽了,已经是很绝望的,可能枯死了。是这样的一种感觉啊。下面我们简单罗列一下。

师:(展示课件)熏黑—雪白,破旧—簇新,干瘪—胚芽,蜗行—起跑,悲哀—笑涡。如此强烈的对比:过去—现在。

那么,我们再回到刚才所讨论的问题,也就是刚才肖同学和陈同学所思考的问题,如果这个时间段我们现在一定来加以追究的话,"现在",她这里所谓的"现在"究竟是从什么时刻开始的?

而"过去",要一直往前追溯,究竟可以追溯到什么时候?在诗歌中,它包含了多久?看看作品,思考一下,我们来分析在这首诗中所包含的,两种不同时间的问题。

(学生思考)

师:谁来说?我们还是继续往后轮吧。来,何同学后面。

朱同学:我觉得第一、二节讲的,应该是解放前。

师:解放前,嗯。

朱同学:因为解放的话,总体来讲,整个人的心是相对向上的,就是稍微光明一点吧。

师:同桌。那么"现在"呢,这个现在是什么时候开始?

何同学:现在我觉得应该从"文化大革命"以后开始的。

师：为什么你这么讲，你的理由是什么？

何同学：因为我觉得从解放到"文化大革命"期间，"文化大革命"的这十年以来，中国的社会还是十分混乱的。

师：从"文化大革命"之后开始。请坐，方同学，你怎么看？

方同学："过去"应该是从清朝后期开始，几百年来。

师：你是从什么地方看出清朝后期的？舒婷说，括号，清朝末期？

方同学：她说"我是你河边上破旧的老水车，数百年来纺着疲惫的歌"。

师：数百年。

方同学：然后"现在"，我觉得应该是解放以后。

师：解放以后。你的证据在哪里？

方同学：因为她说"我是新刷出的雪白的起跑线；是绯红的黎明正在喷薄"。解放以后的话，给大家的感觉就是，中国人民终于站起来了。

师：一片艳阳天。请坐，毛同学，你有什么看法？

毛同学：我赞同方同学，说它是从清朝开始的，我觉得是可以根据"数百年"这个词大致猜想一下，应该是从清朝末期开始的。

师：嗯。

毛同学：我认为"现在"的话，应该是从改革开放开始的。

师：为什么？

毛同学：因为看到最后的写作时间。

（学生笑）

师：请坐。何同学，你还有什么要说？

何同学：我觉得，我就讲"现在"啊。现在，我刚看到一句"刚从神话的蛛网里挣脱"。我觉得神话可能有两种解释——

一种是古代封建的，它那个唯心的、迷信的东西很多。那么，"刚从神话的蛛网里挣脱"，就是解放以后，现在是社会主义，就没有"神话"了。还有一种解释，神话是指毛泽东。因为毛泽东是一个神话，那么"刚从神话的蛛网里挣脱"，那就是"文化大革命"结束以后。

师：哦，走下神坛。我们继续看下最后一节，我们把最后一节的前两句话来读一下。"我是你"，一、二开始。

生:我是你的十亿分之一,是你九百六十万平方的总和。

师:停。吕同学,你怎么看?

吕同学:我还是觉得,是解放以后。

师:从中国的人口,从我们整个的疆域的面积来看。

吕同学:因为当时"文化大革命"的时候,中国人自己没有意识到这个社会是不好的,可能觉得"文化大革命"的那段时间,还是一个崭新的中国。

师:(示意)请坐。刚才同学的发言很好,那么有一点我想继续指引下去。刚才我们同学在第一节的第二行找到一个词语"数百年",然后以此来推断,她对中国历史的追溯应当到清朝的末期,差不多这个时候,可能1840年,或者再往前溯一溯,对不对?但是在这首诗歌里面,它所讲的时间词,难道只有这个"数百年"吗?你们再找一找。

毛同学:千百年来未落到……

师:在哪里,"千百年"——第二节的后面,对吧?"千百年来未落到地面的花朵"!"千百年",再加一千年。还有没有?我们可以找到的关于时间的词语?第二节里有一个叠词!

生:祖祖辈辈。

师:那就不知道到什么时候去了。还有一个词语,很隐蔽的,你们找到没有?在第三节里面,哪一个词语?

生:古莲。

师:古莲。那么,这个过去一直过到哪里去了呢?只到清朝吗?中国有五千年的历史啊,说不定这整个五千年都被它含括在里面了,是吗?中国的历史真的就是这样,五千年的历史真的就是这样,漆黑的,贫穷的,灰暗的,绝望的?是这样吗?

生:不是的。

师:但就这首诗歌它所隐藏的潜在时间是不是表明了这点?其实中国可能不是这样。

(展示课件)那么,我们随便来看一下别的作品的节选,闻一多的《祈祷》,创作于1927年。

(播放录音)

祈祷(节选)

闻一多

…… ……

请告诉我谁是中国人,
谁的心里有尧舜的心,
谁的血是荆轲聂政的血,
谁是神农黄帝的遗孽。

…… ……

请告诉我戈壁的沉默,
和五岳的庄严?又告诉我
泰山的石雷还滴着忍耐,
大江黄河又流着和谐?

再告诉我,那一滴清泪
是孔子吊唁死麟的伤悲?
那狂笑也得告诉我才好,——
庄周,淳于髡,东方朔的笑。

请告诉我谁是中国人,
启示我,如何把记忆抱紧;
请告诉我这民族的伟大,
轻轻的告诉我,不要喧哗!

师:闻一多诗歌中对于历史的追溯,和舒婷诗歌中对于历史的追溯,好像大不一样啊。(展示课件)

师:李约瑟在《中国科学技术史》里讲到,中国是享誉世界的文明古国……直到17世纪,中国还比欧洲先进。

然后有一个人更夸张,是一个美国记者,他说如果诺贝尔奖在中国古代就有设立的话,那么各个奖项的得主毫无疑问都是中国人。可见我们的过去是一个非常辉煌的时代,对吧?

那么为什么,舒婷的作品里面,"过去",是这么长时间的黑暗呢?我们来继续探讨这个问题,给个解释。为什么在这首《祖国啊,我亲爱的祖国》里面,我们的整个中国五千年的文明,都变成一片漆黑了呢?为什么?同桌之间商量一下,好不好?有点难。

(学生讨论)

师:我们如何来解释这首诗里的历史观问题?谁来谈?

(学生沉默)

师:呃,方同学。你来谈谈。

方同学:我有个疑问。

师:请说。

方同学:"飞天袖间"是什么意思?

师:"飞天袖间",谁可以解答这个问题?毛同学,你来解答一下这个问题。

毛同学:飞天就是敦煌壁画上画的那个舞蹈,"未落到地面上的花朵",可能让人想起天女散花。

(学生笑)

毛同学:至于你刚问的问题啊,我想……

师:等会,等会。

(学生笑)

师:先不要讲,等会儿再说,先把方同学的问题解决掉。我们知道有个成语叫——天花,天花乱坠。这是个来自佛教的故事,讲佛祖在说佛法的时候讲得如此的好,然后天女纷纷在那边散花,就是这个意思。所以说,这里讲的其实是敦煌的,敦煌里面蕴含的中国的古文化,公元4世纪就开始了,飞天袖间的花朵,是这个意思。那我们还是先请方同学继续来讲,然后毛同学再讲,好吗?

方同学:我觉得她前面写得这么黑暗的意思,就是说前面中国的那些文明都不是真正用到实际上去,而是,比如说空想,或者说是用到文艺或者其他的一些地方,而没有用到科技上。而后面才是真正的开始。所以她把后面写得很光明,前面相对来说就比较黑暗。

师:请坐。那我觉得你去看看李约瑟的《中国科学科技史》,中国古代的发明非常多啊,方同学的解释还是有需要商榷的地方。毛同学,你要说什么?

毛同学:我觉得舒婷这样写不排除三种可能。首先第一个是,她故意要这样写。但是从文章里来看的话,她故意要这样写的可能性很小,没有说她矫揉造作地一定要写"千百年"或者"祖祖辈辈"。这个可能性比较小。

第二个可能是,舒婷因为她自己所受的教育,就是说中国的古典文化很不好,或者说她受的影响,整个社会都在批判中国的古典文化的话,那么她也可能跟着潮流,认为中国古典文化就是黑暗的、古老的、衰旧的。

还有第三种可能就是,现实给她的冲击太大,她就觉得现实都是这样很不好的话,那么古代肯定不会好到哪里去。好比说,举个不恰当的例子,如果你被一个女生甩了以后,(学生笑)可能你会对自己说,我可能以后再也不会去追别的女的了。就是这个意思。

师:哦……

(生大笑)

师:丁同学,你怎么说?

丁同学:我觉得是社会制度的问题,以前的那些应该都是封建主义,后来,新中国成立了以后就变成社会主义了。她要歌颂这个,也不是要歌颂,她要写现在的新的话,就要突出现在社会主义的好,那封建主义就显得不好了。

师:哦,可能是这个意思。支同学,还有什么看法?

支同学:我觉得,她说以前是黑暗的,她自己认为以前是这样的,不管以前有多么好的经济,多么好的文化,它们都是引导中国走向黑暗的每一步,不管它多么好……(学生笑)

师:都是一个坟墓?

支同学:就是走到这时候,中国就是一个坟墓。舒婷觉得现在走的路是对的,那么以后就是光明的。

师:哦,那么我们每个人最后都走向坟墓的呀,(学生笑)难道现在都不要光明啦。这个有点难讲啊。肖同学,你最后来说一说。

肖同学：我觉得现在就是经过革命，中国人民当家作主人了。（学生笑）她就是要看中国的基层，也就是农民的这一方面。虽然她看到中国以前有很多发明，但是呢，以前中国的农民还是受压迫的，她看到的是这个方面，所以说现在的人民生活比较光明。

还有一种看法，如果她不把以前写得黑暗一点，她就不能更加衬托出现在的光明。

师：请坐。我觉得，肖同学说的两点都有道理。一个是把握住一个乡土中国，虽然她主要的意象中有矿灯、路基，对吧？但更多的是老水车、驳船，这样一种乡土的感觉。

第二点，可能是为了有一种强烈的对比感，强烈地要表明——现在是如何的好，以至于以前，就把它一笔给抹杀掉了，可能是这么一个意思。

那么我们来猜测一下。（展示课件）

师：舒婷当年写这首诗的时候，二十多岁。然后在2002年的时候，她和上海的一个著名作家陈村，有一次对话，对话实录发表在《收获》2002年第5期。

陈村就问她了，就谈起她的这首代表作了，他说："你现在还有什么感想啊，比如说读以前的什么《祖国啊，我亲爱的祖国》？"吕同学，（示意）你猜她会怎么说？

吕同学：她可能觉得，曾经的我和现在的我，不一样了。可能是，那个时候，突然有一个新中国，突然有一种感情上的变化，然后觉得祖国很好，现在应该是没有这么想了。

师：现在没有这么想，难道觉得祖国很坏啊？

（学生笑）

吕同学（笑）：还是那么觉得，但是可能没有以前感情那么深刻了。

师：哦，没有以前那么感情深刻了，感情变淡了。吴同学，你猜一猜她会怎么说？

吴同学：我觉得她可能觉得以前的激情是有点过火了，但是她现在可能始终认为祖国是越来越好的，但是以前那种表达可能有点过时。

师：哦，有点过时，有点过火。爱得过火，可能太狂热了，是吧？嗯，我请一个比较冷静的同学来说，赏同学。（学生笑）你猜她会怎么说？

赏同学：我觉得可能会比较客观地评价一下自己现在与以前的差别吧，因为年龄增长，可能想法有一些改变，可能对这首诗会有不同的理解。

师：请坐。肖同学，请你来扮演陈村，方同学，请你来扮舒婷。

（学生笑）（老师展示课件）

师：好，把对话读一下。

肖同学：你现在还有什么感想啊，比如说读以前的什么《祖国啊，我亲爱的祖国》？

方同学：这不能读，受不了，受不了。

肖同学：自己也受不了啊？

方同学：自己也受不了。我年轻时代是这样的，这是历史，是客观形成的。有时候你会觉得，没有那样的时代，你不会有这样的时候。写诗的时候是在25年前，不但是年轻，文学在中国，文学状况是那样的状况。

师：请坐。所以读到最后，我们发现他们的对话只剩下三个字。（展示课件）

师："受不了"。这个倒也在我们情理之中啊，受不了。那么显然她发现这首诗中，可能有些问题。比如我们刚才说的想象，把中国的苦难史无限延长的这个问题，抹杀了中国古代的辉煌，对吧？

那其实"受不了"是不是可能还有问题？（展示课件）

师：还有其他的一些原因。所以这节课后面一点时间，我们就来研究一下，如果我们顺着作者多年以后的反思，她提炼出来的三个字——"受不了"，我们替她来作一个总结和发掘的话，这中间还有哪些问题，是现在看起来有点让人"受不了"的？你们再整体把握一下，想一想，花几分钟，思考一下。思路要清晰，要说得合理。

（学生思考）

师：我们小组讨论一下，四人小组交换一下意见。

（小组讨论，老师参与到讨论中）

师：好，时间关系，请转过来。

这首诗歌有很多值得探讨的地方，有很多值得研究的问题。那么，我请同学来谈。哪些地方可以来探讨一下，哪些地方现在看起来，觉得以我们坚强的忍耐力，还是有点受不了？谁来说，随便谈谈，一首诗嘛。

程同学,你来谈一谈。

程同学:我觉得这首诗太空虚了。

师:太什么?

程同学:空虚。

师:太空虚,为什么你会有这样的感觉?

程同学:因为我觉得它写得很长,但又好像没有什么意义。

(学生大笑)

师:是个很偏激的人,没想到程同学把它全部都否定掉了啊。为什么?不要坐下去,为什么你把它全部都否定了,觉得它一点意义都没有?它对于祖国这样的一种讴歌和热爱难道不正是它的意义吗?

一生插话:没有什么好讴歌的。

程同学:(沉默一会儿)因为我觉得,她比喻用得太多,好像没有必要。

师:没有必要?这是一个比较极端的发言啊。好,陈同学来谈一谈。

陈同学:我觉得这首诗就是太浮于表面的东西。前面不是有一首艾青的《我爱这土地》么,他爱这土地,他的眼里常含泪水,因为他爱这土地爱得深沉。他爱这土地真的是很爱很爱,爱得都要哭了。但是舒婷她写了很长很长,也没有看出她的内心真的很爱,就是很浮于表面的。

师:那我有一个问题了。在第三节里的第四行,她说"我是你挂着眼泪的笑涡",她不是也哭了吗?

陈同学:她在笑呀。

(学生笑)

师:那是一种百感交集,一边带着微笑,但是前面也在哭啊,这两种眼泪,为什么你喜欢前一种不喜欢后一种呢?

陈同学:但是,这样描写很虚伪。

师:为什么?你凭什么说她虚伪?

陈同学:她这样整天祖国啊祖国啊,这样子,就感觉只会喊喊。

(学生笑)

师:请坐。在这里我们要区别一对概念。什么叫祖国?俞同学,什么叫祖国?

俞同学：祖国么，就是你出生的地方，就是自己所在的国家。

师：自己所在的国家？俞同学，你英语学得很好，"祖国"这个词翻译成英语，是哪个单词？

生：motherland。

师：motherland，是吧？好，请坐。刚才俞同学在解释的时候是这样说的，自己所在的——

何同学：国家。

师：何同学，"国家"这个词，英语怎么翻译的？

何同学：country。

毛同学：nation。

师：或者是 n-a-t-i-o-n，是吧？有什么区别。朱同学，祖国和国家的概念，你可以来给我们区别一下吗？

朱同学：我觉得祖国是很有感情的一种称呼。国家是一个很正式的称呼。

师：请坐，这应该是两个完全不同的概念，对吧？我们来区别一下。（展示课件）

师：祖国，这是一个文化概念。里面包含了乡土感，包含了你的某种观念，包含了你的传统，包含了你的所有的真情。而国家，是一个冰冷的政治概念。

如果照舒婷在这首诗里面的，"我是你的十亿分之一，是你九百六十万平方的总和"。如果照这个说法的话，她这里"祖国"这个词语，好像应当替换成……"国家"，更加恰当一点啊。

因为祖国这个文化概念，它包含了所有的炎黄子孙，对吧？那么这首诗，如果是一个美籍华人来读，那么他读下来，"我是你的十亿分之一"，不是的。"我是你九百六十万平方的总和"，是不是？也不是的。他显然被排斥在这之外。

所以这两个概念，这两者好像有点不一样。最近，《读书》上面有一篇李皖写黄霑的文章里面，讲到黄霑作词的当年风靡一时的一首流行歌曲《我的中国心》——就是刚才我在放的——那里面"我的中国心"，这个中国概念好像更接近于（示意）上面这个，祖国的概念，对吧？

"洋装虽然穿在身，我心依然是中国心"。

还记得我们以前学过一篇文章，是《三种中国人》，大家还有印象吗？一个可能是生物学上的中国人,一个是传统习俗上的中国人,还有一个是文化上的中国人。

所以,这可能更多的是一个文化上的概念,而国家是一个政治概念。所以对于这首诗里,你们应该能够把它区别开来,她到底是怎么讲的。像前面艾青所讲的,和余光中《乡愁》中所表现的,可能更多的是祖国,一个文化的概念。所以这个读起来有点别扭,对吧?还有吗?

(学生沉默)

师:我们在讨论的时候,一直忽略了最后一节,我愿意为大家朗读最后一节,用一种冰冷的语调。

> 我是你的十亿分之一,
> 是你九百六十万平方的总和;
> 你以伤痕累累的乳房
> 喂养了
> 迷惘的我、深思的我、沸腾的我;
> 那就从我的血肉之躯上
> 去取得
> 你的富饶、你的荣光、你的自由;
> ——祖国啊,
> 我亲爱的祖国!

师:你怎么看这一段?黄同学,你来说。

黄同学:我觉得这里体现了一种所谓的自我奉献精神。它基本的逻辑是这样的,因为祖国喂养了我,所以我要为祖国奉献,为了取得祖国的富饶、荣光、自由,即使付出生命我们也是在所不惜的。在这里,她否定了生命作为一个个体的意义,她只是把它当成祖国获得荣光、自由和富饶的工具,只是把生命当成了可以驱动的成员,而不是把生命看成一个个个体,只是祖国走向光明的道路上的附属品。

师:请坐。这里,我觉得黄同学的说法和这个观点很像啊。(展示课件)

师：中国的一个文化大师梁漱溟有一段话，说："中国文化最大之偏失，就在个人永不被发现这一点上。一个人简直没有站在自己立场说话的机会，多少感情要求被压抑，被抹杀。"

马克思主义的观点是，个人幸福和集体幸福是息息相关的，而个人幸福是集体幸福的基本前提。而舒婷在另外一首诗里有更直接的表达，和我们这里第四节是遥相呼应的。她说："我绝不申诉／我个人的不幸／错过的青春／变形的灵魂／无数失眠之夜／留下来痛苦的记忆……"

"我绝不申诉"——那么这里，我们就过渡到第二个问题，就是个人，作为一个个人和国家之间的关系到底是怎么样的？是不是像她这里所说的，"你以伤痕累累的乳房／喂养了／迷惘的我、深思的我、沸腾的我／那就从我的血肉之躯上／去取得／你的富饶、你的荣光、你的自由"，这里其实隐含着一个比喻。金同学，她是以一个什么样的关系来阐述公民和国家的？

金同学：我觉得是，嗯，摄取和欠债。（笑）

（学生笑）

师：没这么可怕吧。"你以伤痕累累的乳房……"，这里是个比喻！

金同学：是儿女和母亲的关系。

师：请坐。所以这里你们要读出来啊，在舒婷这首诗里面，公民和国家的关系，宛如……宛如子女和母亲的关系。那么，吴同学，请你继续来谈。在这首诗歌中，她的假想中，这个母亲是一个怎样的母亲？

吴同学：是一个，就是，自己已经很落魄，但她还是坚持抚养自己的孩子。

师：很不容易，是吧？

吴同学：嗯，是的。

师：那这个孩子是以怎样的方式来报答母亲的？

吴同学：是以一种近乎血腥的方式，为了自己的母亲，作为中国一个最常见的孝子，这个孩子可以付出一切。

师：那么如果在现实层面中，一个真正具有爱心的母亲，她会不会要她的孩子这样做？

吴同学：不会。

师：好像不会啊。请坐。可见这个小孩对于自己的要求，过于严酷了，是吗？

把这个母亲也想得有点太可怕了啊。是这样一种假想,所以,上海师范大学有一个教授写了一篇文章,这个观点就是从他这里受到启发的。(展示课件)

师:很有意思,不仅仅是这首诗歌,整个"文化大革命"以后都是这样,以这样的一种方式,就是"面对苦难的微笑和感恩,是'文化大革命'后的中国知识分子的共同心理",他们借此建立起自己的道德形象。其秘诀就是将"公民与国家"的关系表述为"儿子与母亲"的关系,比如说张贤亮的小说,比如说谢晋导演的电影《牧马人》……挂着眼泪的笑涡,是吗?但是你们不要忽略,"儿子和母亲""公民和国家"是完全不同的概念。还有你们可以去看看卢梭的《社会契约论》,探究公民和国家究竟是怎样一种关系。不能用一种温情脉脉的面纱来掩盖掉这中间的一种基本关系,对吧。好,今天因为时间关系我们就上到这里,谢谢大家。下课吧。

(学生鼓掌)

(本课例执教于2005年)

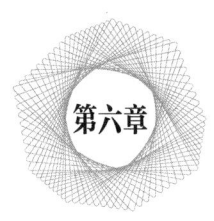

第六章

议论文写作的逻辑指导

表达是更积极的语言活动

表达是比接受更积极的语言行为。每一个社会个体的富有个性的表达,都是社会和谐的必要条件。少数人表达,绝大多数人失语的社会,是一个畸形的社会。在那样的社会里,人的社会主体精神受到极大的压抑,人的尊严和幸福感受到严重的摧残,社会也无法进步。构建和谐社会的理想和使命提醒我们,教育,特别是语文教育,必须重视培养学生的表达意识和表达能力。这样,未来的社会文化才有希望是热情洋溢的、丰富多彩的、充满生机活力的,社会也才能是和谐的,每个人才有充分的尊严和幸福感。

母语表达是学生语文素养的集中体现,从价值取向到思想方法,从审美情趣到话语方式,一个人的语文素养甚至整个文化修养,都会在字里行间表现出来。母语表达水平高的人,一般来说,其言语接受能力也比较强。正因为如此,语文教学应当以表达来引领学生语文素养的建构。这里的所谓引领,并不是指学习时间上的先后顺序,而是指目标的引领。从时间顺序而言,当然要先读后写,在阅读教学中获取营养和借鉴。而就教学目标而言,就学生语文素养建构的目标而言,以表达来引领语文素养的建构,可以激发学生语文学习的热情和主动精神。语文教师应当培植学生这样的语文理想和人生理想:做一个善于表达的人,做一个能够与周围的人乃至整个社会积极对话的人,做一个以自己富有个性的言语和思想昭示自己的社会存在和人生价值的人。这样的理想和目标可以激励学生巨大的写作积极性和口语表达热情。当我们将表达作为引领目标的时候,促进的当然不仅是表达本身。阅读教学由于有了表达目标的引领,学生的学习会产生更大的自觉性和主动性。由于表达能力建构的需要,学生可以在文本中主动学习他们所需要的东西,他们会有更敏锐的眼光,他们不仅学习、模仿、借鉴文本表达的语言形式,获取文本思想内容的营养,而且可以在阅读教学过程中,互相交流,在语文学习的实践中锻炼口语表达能力。表达还可以养成思考的习惯,养成关心当代文化生活的习惯。学生对学习内容、学习生活乃至社会文化生活的议论,可以更快、更强烈地得到反馈,从而更真切地感受表达的意义,体会表达的奥妙。恰当的表达所带来的成就感可以进一步激发学生的表达热情,表达的困难可以激励学生下功夫学习、感悟语言运用的规律。

议论是最有魅力的表达

学生语言表达能力的培养,尤其应当重视议论,因为议论是最生动、最有个性、最富挑战性、最有魅力的表达,最能给人以启迪。那些文化大家留给人类的最伟大的文字作品也大多是议论。柏拉图的《理想国》是议论,亚里士多德的《工具论》是议论。《资本论》是议论,《共产党宣言》是议论。《论语》是议论,《孟子》是议论。孙中山的《建国方略》是议论,陈独秀的《独秀文存》是议论,梁启超的《少年中国说》是议论。人们耳熟能详的精彩言语片断也往往是议论。马克思说:"伟人之所以看起来伟大,只是因为我们在跪着,站起来吧!"丘吉尔说:"当我们不会质疑,骗子便产生了。"不仅思想家、政治家如此,文学家、艺术家也往往如此。李贺诗云:"少年心事当拿云。"雪莱诗云:"冬天到了,春天还会远吗?"苏东坡诗云:"不识庐山真面目,只缘身在此山中。"2017年,哈佛大学校长福斯特在新生开学典礼致辞时,引述了哈佛大学艺术与科学学院已故前任院长杰里米·诺尔斯也是在开学典礼上的讲话:高等教育最重要的目标就是确保毕业生能够辨别"有人在胡说八道"。

议论对叙事的促进

议论能力的提升,可以深层次地促进叙事能力的提升。因为从根本上说,叙事的目的在于用生动的事情表达思想情感。因此,记叙文写作能力的获得不仅在于学会记叙、描写的表达方式,更在于善于领悟事情与思想之间的关系:什么样的事情、什么样的事件过程最能体现什么样的思想。

莫言在诺贝尔文学奖颁奖典礼上讲了这样一个故事:小时候,学校组织学生参观一个苦难展览。很多同学哭了。有的同学把唾沫抹在脸上装哭。一位同学没哭也没装哭被揭发受到了警告处分。长大后才明白,当所有人都哭的时候,应当允许有人不哭。特别是当哭成为一种表演的时候,更应当允许有人不哭。这一故事立意深刻,启发人们思考社会生活中自由的重要性。人们经常说,记叙文写作要善于议论,画龙点睛。其实,我们不妨说,莫言正是为了表达自由的重要性,才选取了哭与不哭的故事。这一生动的例子告诉我们,立意对于选材的统领价值。表面上看,是叙事之后用议论阐发事情的意义,实质是骨子里有了深刻的立意,才能选取好的故事。

议论所凝聚的思想力量,不仅可以带来叙事的深刻立意,而且可以促进叙事过程的生动描写。鲁迅《一件小事》的立意在于"勇于负责"。在他看来,勇于负责,是当时的社会最缺乏的品质。所以选择了人力车夫搀扶被撞者去巡警分驻所。作者写道,车夫的后影"刹时高大了","甚而至于要榨出皮袍下面藏着的'小'来"。这样的描写正是为强化或深化文章的立意所作。

记叙与议论的关系,记叙是基础,但议论能力的提高,对记叙文的写作具有促进作用。一个议论不过关的人,不可能成为作家。而一个不善于描写的人同样可以写出很好的议论作品。语文教学当适时从记叙向议论发展,方能更好地提高学生的语文素养。

以公民姿态,就公共事务,做理性表达

上海师范大学附属中学余党绪名师工作室引导学生"以公民姿态,就公共事

务,做理性表达"。余老师指出:"'以公民姿态'表达,就是要改变'代圣人立言'的传统写作教育模式,改变'价值绝对,主体缺席'的套路。'公民的底线在哪里,写作的底线就在哪里;公民的边界在哪里,表达的边界就在哪里。遵守法律、恪守道德、尊重社会的公序良俗,这些都是公民的基本素养,也是我们写作与表达的是非标准。''就公共事务'表达,就是要改变培养'酸文人''笔杆子''文曲星'的目标,改变'伪文学''伪文化''伪情感''伪议论'的矫揉造作、晦涩玄虚的文风。'理性的思维方式主要表现为逻辑思维。逻辑能够对人的思维起到规范作用,让人的思维全面、深刻和理性,对世界的认识更加正确,对问题的处理也会更加合理有效。'"

"以公民姿态,就公共事务,做理性表达",这是了不起的语文教育创新,甚至是了不起的教育创新。这一创造必将对语文教育甚至整个中国教育产生积极而深远的影响。

学会公共说理

余党绪老师的"公民写作"是代表了社会文化进步方向和教育进步方向的语文教育创新,这个教育进步的方向就是学会公共说理。美国的大学一般都开设关于公共说理的课程。更重要的是,这样的课程从小学就开始了。《加州公立学校幼儿园至十二年级阅读和语言艺术教学纲要》规定,一年级"重述简单说理和叙述段落中的主要观点",二年级"重述文本,区别其中的事实和道理,说清和组织要说的意见",三年级"在说理中区别主要观点和支持这些观点的细节",四年级"区分说理文本中的原因与结果、事实与看法的差别",五年级"分辨文本中的事实、得到证明的推论和看法",六年级,则更上升了一个层次,"辨析逻辑谬误,提防宣传"。大纲说明要辨析的逻辑谬误有五种:过度简单化、浮泛空论、循环论证、虚假两分法、无凭据推理;要提防的宣传手法有十种:人云亦云、谩骂、偏见、势利、老百姓的话、吹嘘、"科学"根据、证词、恫吓战术、株连。七年级学生"说理评估能力"的要求是:"评估作者在支持结论和立场时所用的论据是否适当、确切、相关,并注意有偏见和成见的例子。"美国高考(SAT)作文试题获得满分的评分标准之一是:"有效而富有洞察力地发展作者自己的观点,表现出杰出的批判性思维,清晰地使用恰当的事例、推理,以及其他证据证明自己的立场。"徐贲《明亮的对话——公共说理十八讲》一书说:"理性话语的价值观是与他人平等、尊重、以说理相待的关系,并在这个基础上不羞辱他人、不欺骗他人、不歧视他人、不伤害他人,不使用任何暴力(包括语言暴力)对待他人。这也是正派社会的价值观。""它是与人的文化和道德素质联系在一起的。因此,它传承了人类共同文明和自由、平等、理性的价值,不是单纯的技能传授。"

伴随着公共说理的目标,美国等发达国家的语文教材有很多社会公共生活的话题。而我们的语文教材,则偏向于个人抒情。一方面,我们建议语文教材的改进;另一方面,教师应当向学生推荐社会公共话题的文章。余党绪老师引导学生读万字时文,同样是很好的教学创新。《义务教育语文课程标准(2011年版)》提出,要"引导学生关心当代文化生活",这是一个很好的教育思想。公共说理的培养目标和余党绪老师的"公民写作",正与这一教学思想相得益彰。

罗伯特议事规则

谈到公共说理,我们不能不提到罗伯特议事规则。毕业于美国西点军校的美国陆军准将罗伯特,1876年出了一本书《议事规则》,后普及于美国民间,即罗伯特议事规则。

罗伯特议事规则历经百年修改,内容非常详细,有12条基本原则。第1条,动议中心原则:会议讨论的内容应当是一系列明确的动议,它们必须是具体、明确、可操作的行动建议。先动议后讨论,无动议不讨论。第2条,主持中立原则:会议主持人的基本职责是遵照规则来裁判并执行程序,尽可能不发表自己的意见,也不能对别人的发言表示倾向。第3条,机会均等原则:任何人发言前须示意主持人,得到其允许后方可发言。先举手者优先,但尚未对当前动议发过言者,优先于已发过言者。同时,主持人应尽量让意见相反的双方轮流得到发言机会,以保持平衡。第4条,立场明确原则:发言人应首先表明对当前待决动议的立场是赞成还是反对,然后说明理由。第5条,发言完整原则:不能打断别人的发言。第6条,面对主持原则:发言要面对主持人,参会者之间不得直接辩论。

第 7 条,限时限次原则:每人每次发言的时间有限制;每人对同一动议的发言次数也有限制。第 8 条,一时一件原则:发言不得偏离当前待决的问题。只有在一个动议处理完毕后,才能引入或讨论另外一个动议。第 9 条,遵守裁判原则:主持人应制止违反议事规则的行为,这类行为者应立即接受主持人的裁判。第 10 条,文明表达原则:不得进行人身攻击,不得质疑他人动机、习惯或偏好,辩论应就事论事,以当前待决问题为限。第 11 条,充分辩论原则:表决须在讨论充分展开之后方可进行。第 12 条,多数裁决原则:动议的通过要求赞成方的票数严格多于反对方的票数。弃权票不计入有效票。

罗伯特议事规则,是为会议议事而设。我们列在这里,其意义有三:第一,领会其中的人类理性精神。第二,为学生参与讨论而用。第三,最重要的是,在平时书面和口头的各种议论中,遵守其中的第 10 条文明表达原则:不得进行人身攻击,不得质疑他人动机、习惯或偏好。

"不要让孩子输在起跑线上"?

"不要让孩子输在起跑线上",是当下社会生活中经常听到的一句话。在以孩子为对象的商品广告和教育培训广告中,更是经常出现。然而这是非常荒唐的一句话。人生不是竞赛,每个人都有属于他自己的自由美好的人生。山有山的雄壮,水有水的柔和。将丰富多彩的美好人生看成竞赛,实在是煞风景。即使将人生看作竞赛,那也有数不清的赛场,成功多种多样,异彩纷呈。即使将人生比作竞赛,那也是马拉松似的长跑,而不是百米短跑,起跑的速度实在是无足轻重,中途发力、大器晚成者比比皆是。人生的境界在于幸福,完美的人生幸福应当有无忧无虑的童年。为了竞争,牺牲了童年的无忧无虑,实在是得不偿失。

人的成长和发展自有客观规律,学习也自有其规律,违反规律揠苗助长定然会受到惩罚。只有 8 300 多万人口的德国,获取了全世界半数的诺贝尔奖,然而他们的教育并不提前起步。政府禁止过早开发儿童智力,以避免将孩子的大脑变成硬盘,而是留给孩子更多的想象空间。学龄前儿童的唯一"任务"就是快乐成长。即使到了小学,也不允许给孩子学习额外的课程,哪怕这个孩子的智商超常。

议论的价值坐标

议论离不开是非的分析判断。是非分析判断的优劣,归根结底在于价值坐标。不同的价值前提可以得出迥异的结论。议论的高下,根本就在这里。2017年有一则"冰花少年"的新闻,云南鲁甸一位小学生,因上学路途遥远,气温低下,赶到学校时已经是满头霜花。面对冰花少年,有人赞美苦难成就人生。而更多的人,却在反思社会应当如何救助贫困。2008年,82岁的老太太夏淑清长期依靠拾荒养活自己和103岁的母亲的新闻出现后,很多人赞美夏老太太的孝道,未免肤浅。《半岛都市报》2008年4月9日的一篇评论《82岁老太拾荒养母是社会之耻》,却提出这是社会之耻的深刻思想。教师上课拖堂,赞美老师的辛苦,还是批评其有违教学规律,根本还在于背后的价值坐标。小说《心声》的高明,就在于通过纯真的儿童心理揭示了这种做法的荒唐:"程老师总喜欢拖那么几分钟,好像这样就能让全班都考一百分似的。"价值坐标的建构有赖于阅读的文化视野与平时的思考。

拒绝无病呻吟

议论文的根本在于表达思想观点。其基本要求在于有鲜明的论点,要用论据来展开论证。没有论点的议论文,不提供论据、不进行论证的议论文,等于无病呻吟。当下中学生议论文写作的一个典型误区,在于以抒情代替议论,以花哨的语言和莫名其妙的比喻来代替论证。请看下面的案例。

在铭记与忘记的两岸

席慕蓉说:"生命是一条奔流不息的河,我们都是那个过河的人。"在生命之河的左岸是忘记,在生命之河的右岸是铭记。我们乘坐着各自独有的船在左岸与右岸穿梭,才知道——忘记该忘记的,铭记该铭记的。

行走在人生路上,我们笑看窗外花开花落、叶枯叶落,静观天外云卷云舒、风停风起。在路上，我们经历着太多太多悲喜交集的事，在生命之河的航行过程之中，我们学会了忘记该忘记的悲欢之事，学会了铭记该铭记的点点滴滴。

东坡披发仰天大呼"大江东去"，他面临的那些烦心琐事顷刻之间沉入滚滚波涛之中，消失得无影无踪。壮阔的滔滔江水让东坡选择忘记，忘记那些失意、悲伤，忘记那些仕途的不得意。陶潜伴着"庄生晓梦迷蝴蝶"中翩翩起舞的蝴蝶在东篱之下悠然采菊。面对南山，渊明选择忘记，忘记那些官场的丑恶，忘记自己遇到的所有不快，这是心灵的选择，这是过河人在"河"的两岸所做出的明智的选择，这更是明智的"摆渡"。

人们在河的左岸停留着，在这之外，同样又有在右岸快乐生活着的人们。坐在池边亭下泪流满面的独酌的易安居士，用她的文字告诉我她永远铭记着这一生之中所经历的点点滴滴，那是她在"争渡"途中所做出的选择。海子用"面朝大海，春暖花开"告诉我"从明天起"他将记住所有的人生之"水"，因为那是他用于"浇灌"他的"花儿"的"玉露"。三毛用她的文字永远地记住了撒哈拉的灵魂。凡·高用《向日葵》永远记住了他的"船"……

这些是生命之河两岸的人生，这是忘记与记忆的选择。风吹起花瓣如同阵阵破碎的童年，决荒的古乐诠释灵魂的落差，躲在梦与记忆的深处，听花与黑夜唱尽梦魇，唱尽繁华，唱断所有记忆的来路，由分明的笑和谁也不知道的不分明的泪来忘记该忘记的不快和琐碎，来铭记该铭记的深刻与永恒。

茕茕白兔，东走西顾，衣不如新，人不如故。航行于"生命之河"中，坐在自己独有的船上，知道——忘记在左，铭记在右，中间是无尽穿梭！

此文的根本缺陷就在于既没有鲜明的论点，也不进行必要的论证。作者说"忘记该忘记的，铭记该铭记的"，却未能明确什么是该忘记的，什么是该铭记的。在文章中，作者说苏东坡忘记失意、悲伤，陶渊明忘记官场的丑恶和自己的不快，这似乎在说，应当忘记丑恶和悲伤，然而又不论证为什么要忘记丑恶和悲伤。这样的说法经不起推敲也就在情理之中了。正如余党绪老师所言:"我们能因为南京大屠杀的血腥而忘记它吗? 我们能因为'文化大革命'的罪恶而回避吗? 如果我们不去记住这些丑恶和耻辱,我们将面临更多的丑恶和耻辱。"关于铭记,写得更加莫名其妙:"又有在右岸快乐生活着的人们。坐在池边亭下泪流满面的独酌的易安居士,用她的文字告诉我她永远铭记着这一生之中所经历的点点滴滴,那是她在'争渡'途中所做出的选择。海子用'面朝大海,春暖花开'告诉我'从明天起'他将记住所有的人生之'水',因为那是他用于'浇灌'他的'花儿'的'玉露'。三毛用她的文字永远地记住了撒哈拉的灵魂。凡·高用《向日葵》永远记住了他的'船'……"这里有一个关键词"快乐",似乎在说应当记住快乐。然而"快乐地生活着"与"记住快乐"完全是两回事。既然要说快乐,却又说易安居士在池边亭下泪流满面的独酌,就算"泪流满面"可以说是"喜极而泣",那么这"独酌"又如何解释? 海子的人生之"水"和"玉露",什么意思? 凡·高的《向日葵》和"他的船"之间有什么关系? 都是莫名其妙。余党绪老师称之为"梦幻般的呓语"。无病呻吟伴随着莫名其妙,这是很自然的事情。更重要的是,作者同样没有论证为什么应当铭记快乐。

议论的话语特质

议论文是议论为主的文章。也就是说,其话语主体必须是议论。遗憾的是,许多中学生特别是初中生的议论文却偏偏还是以记叙为主。其主要原因有二。

第一,他们习惯于堆砌事实论据,而不善于运用理论论据。写《刻苦读书》,就老是孙康映雪、匡衡凿壁、头悬梁锥刺股。毛泽东青年时代也写过《论刻苦读书》的文章。他提供的理论论据是:"人是必须读书的""读书时必须刻苦的"。这两个论据正好是文章的两个分论点,层次分明,井然有序。

第二,他们不善于简洁概括地表达事实论据,而是像记叙文那样详细地叙事。有学生写《榜样的力量》,其反面例证写:"我的同学孙苗苗的爸爸老是催她学习,可是他自己却成天打麻将。有一次,她爸爸又催她学习去,孙苗苗就说:'我不,你怎么不学习,老是打麻将啊?'"其实,这样的内容一句话就可以:"一个成天在麻将桌上泡时间的家长怎么能很好地教育孩子好好学习呢?"接下来还可以写:"一个从来也不进图书馆的老师,怎么能够很好地激励学生刻苦读书呢?

一位经常大吃大喝的领导,怎么能有效地约束部下廉洁奉公呢?"看看毛泽东的《纪念白求恩》是怎样表达事实论据的:"白求恩同志是加拿大共产党员,五十多岁了,为了帮助中国的抗日战争,受加拿大共产党和美国共产党的派遣,不远万里,来到中国。去年春上到延安,后来到五台山工作,不幸以身殉职。"这七十多字表达了丰富的信息:姓名、国籍、身份、来中国的目的、工作地点、牺牲原因等。其实这种写法是有传统的。《史记·老子韩非列传》:"老子者,楚苦县厉乡曲仁里人也。姓李氏,名耳,字聃,周守藏室之史也。"这两句话交代了老子的姓、名、字、籍贯、时代和官职身份。

议论文往往句子较长,多用定语、状语、补语,甚至以句子形式作主语、宾语等句子成分。这是为了表达严密的思想。议论文所用辞格,也与记叙文有所区别。记叙文多用比喻、拟人、夸张等。议论文则多用排比、对比、设问、反问等。这些辞格也与思想的细密和严谨密切相关。议论文的这些话语特质也告诉我们,议论文写作对于思维发展的意义。同时,注重语言与思维互相促进的方式,方能卓有成效地提高议论能力,写好议论文。

议论须透过表象的迷雾

当我们议论事物的时候,必须学会清醒地认识事物。透过现象的迷雾,才有可能把握事物的本质。一位老师向学生讲述一个沉船的故事:大海上一艘轮船正在下沉,一对夫妇成功地跳上一艘救生船。但他们发现,救生船只能多容纳一个人。丈夫将妻子推回那艘即将下沉的船。妻子大声向丈夫说了一句话并接受了自己在沉船上的命运。老师问学生:"妻子对丈夫说了什么?"学生抢着回答:"我恨你!我看错你了。"老师走到一位沉默的男生身边。男生回答:"我相信那位妻子会说,照顾好我们的孩子。"老师惊讶地问:"你听过这个故事?"男生回答:"我没有听过这个故事。但这是我妈妈去世前对我爸爸说的最后一句话。"那艘船沉没后,男人悲伤地回去,将女儿抚养成人。男人去世后,女儿找到了他的日记。原来她的母亲早已患上绝症。在沉船的重要时刻,她勇敢地牺牲了自己。她向丈夫说:"为了我们的女儿,好好地活下去。"听完这个故事,学生都沉默了。不要只看事情的表面,就妄下结论。那位说出正确答案的学生,是相关的生活经验帮助了他。老师给学生讲这个故事,也正是为了让学生通过间接的生活经验,懂得考虑问题不能简单化。透过现象看本质的能力,需要长期的培养,但首先应当让学生懂得事物有多种可能性。

讨论问题须考虑条件

有一个有趣的视频。老师问:"树上有10只鸟,猎人开枪打死了1只,还剩几只?"学生:"是无声手枪,还是其他没有声音的枪?"老师:"不是无声手枪,也不是其他没有声音的枪。"学生:"枪声有多大?"老师:"80—100分贝。"学生:"那就是说,会震得耳朵疼?"老师:"是的。"学生:"在那个地方,打鸟不犯法?"老师:"不犯法。"学生:"您确定那只鸟真的被打死啦?"老师:"确定。"老师:"拜托,你只需要告诉我还剩几只鸟就行了。"学生:"鸟里有没有聋子?"老师:"没有。"学生:"其中有没有智力有问题的? 就是呆傻到听到枪响都不知道要飞的?"老师:"没有,智商都在200以上!"学生:"有没有被关在笼子里的?"老师:"没有。"学生:"有没有残疾或饿得飞不动的鸟?"老师:"没有,身体都倍棒!"学生:"算不算怀孕肚子里的小鸟?"老师:"都是公的。"学生:"都不可能怀孕?"老师:"绝对不可能!"学生:"打鸟的人有没有眼花? 保证是10只?"老师:"10只。"学生:"有没有傻到不怕死的?"老师:"都怕死。"学生:"有没有是情侣的,一方被打中另一个主动要陪着殉情的?"老师:"之前不是告诉你都是公的吗!"学生:"会不会一石二鸟?"老师:"不会。"学生:"一枪打3只呢?"老师:"不会。"学生:"4只呢?"老师:"更不会。"学生:"5只呢?"老师:"再说一遍,一枪只能打死1只!"学生:"……好吧,就是所有鸟都可以自由活动的? 它们受到惊吓起飞,会不会惊慌失措而互相碰撞?"老师:"不会,每只鸟都自由飞行。"学生:"打死的鸟要是挂在树上没掉下来,那么就剩1只;如果掉下来,就1只不剩!"

这本来是一个脑筋急转弯题。如果回答剩9只鸟,那是脑筋没转弯;如果回答1只也不剩,那是脑筋会转弯,考虑到了其他鸟会被枪声惊飞。但这位老师遇到了思虑周全的学生,其表现超出了老师的预料,他懂得讨论问题应当考虑条件。"是无声手枪,还是其他没有声音的枪?""鸟里有没有聋子?""其中有没有智力有问题的? 就是呆傻到听到枪响都不知道要飞的?"等等这些问题,包括最后的回答"打死的鸟要是挂在树上没掉下来,那么就剩1只;如果掉下来,就1只不剩!"都是在考虑与结论相关的条件。

读后感与文评

写读后感是一种很好的过渡。既是从读到写的过渡,也是从记叙文写作到议论文写作的过渡。读后感需要叙述所读文本的故事内容,读后感表达的感想或观点来自文本,相对集中,避免了漫无边际。

读后感写作的基本要求是:第一,必须有观点或者论点;第二,观点必须与文本相关,是阅读中得到启发,获得的感想;第三,论据或材料应当超越所读文本;第四,最好有理论论据。以《廉颇蔺相如列传》读后感为例:第一,其论点可以是"谦让是一种美德""知错必改""大局为重"等;第二,这些论点是从《廉颇蔺相如列传》当中读出来的;第三,假如观点是"知错必改",那么除了廉颇知错就改,还可以有"周处除三害"等论据;第四,从理论上阐明为什么知错必改。

文评是议论文写作的好形式。所谓文评,即对所读的文本作出评论。这种评论既可针对文本的内容,也可针对文本的形式。文评同样具有对象明确、思路集中的优点。文评与读后感的区别在于:第一,读后感只针对文本的内容,文评亦可评价文本的形式;第二,读后感相对浅显,属于感悟层面,文评则思想相对深刻;第三,读后感需借助于其他材料,文评则更集中于文本。

对文评的再评价,是文评的深入,有更大的难度,往往需要更丰富的文化积累和思维的深度。将多个文本放在一起作综合评论,也是文评的深入。这是高中生应当具备的能力。将来的高考很可能有这样的题目。例如,将屈原的《离骚》与司马迁的《史记》放在一起作综合评论:"《哈姆雷特》说:'生存还是毁灭,这是一个问题。'面对生死这一人生的最大问题,屈原选择了死,司马迁选择了生。你怎么看?"

文化碎片无助于议论能力的养成

有人提出了"文化作文"的概念,经常组织作文竞赛和相关研讨,在其微信公众号上还发了许多相关文章。据说,学了这些所谓的文化,就可以明显地提高作文能力,议论文写作就能精彩纷呈,考试作文就可以拿高分。先不说"文化作文"是一个伪概念,因为任何作文都是文化,没有不是文化的作文。我们看看该微信公众号所发文章的一些关键词:"最著名的十大'馊主意'""用99句诗文说我爱你""盘点史上十大最强皇帝""金庸笔下人物名字内涵""最美的句子和它的基因""永远撩动阅卷者的考场核弹"。原来,这些所谓的文化,其实是猎奇的文化碎片。这样的文化知识是学生所必需的吗?这样的内容有利于学生的文化成长吗?这样的文化碎片真的能够提高学生的作文水平吗?议论能力的养成,还是要从根本上发展思维能力。即使阅读,也是要读文化经典,胸中才能有浩然之气,笔下才能有文思泉涌。

命题作文重在审题

据徐江教授研究,面对高考作文,很多考生不会审题,不善于把握题目的关键词。2015年全国高考语文Ⅱ卷是材料作文。大意是:当代中国风采人物评选活动已产生最后三名候选人,他们是生命科学家大李、焊接工匠老王、摄影家小刘,要求考生评出"谁更具风采"。可是大多数考生只论述自己所选对象的优点,而不作比较。例如,选小刘者写《你镜头下的一切我都爱》,却不涉及大李和老王,没有任何比较。也就是说,将题目"谁更具风采"中的关键字"更"丢得干干净净。正如徐教授所言,这不仅仅是不会作文了,假设让这样的人当感动中国风采人物的评委,那就是做事不懂方法,做人有失公正。

2016年全国高考语文Ⅱ卷作文试题,是要求考生就提高中学生语文素养而言,对"课堂有效教学""课外大量阅读""社会生活实践"进行比较,谈自己的看法,并说明理由。其实,这是与2015年一样的比较型文题。但是很多考生还是只谈一端,不作比较。

人们经常批评应试教育,说高考是指挥棒。然而遗憾的是,事实证明,我们的语文教育连应试都没有教好。严峻的事实告诉我们,不重视思维的发展,不培养学生的逻辑理性,无论是素质教育还是应试教育,都是低水平的。这一现象还提醒我们,如果语文教学的目标和内容出了问题,那么无论教学方法如何先进都

逻辑思维与语文教育

无济于事。语文教育的当务之急是充分认识思维发展的重要,充分认识逻辑理性的重要。学生缺乏起码的逻辑思维能力,风花雪月或道德说教的语文定然是脆弱的。

  作文不会审题,其实质在于阅读能力不过关,不能把握关键词。这一现象正可促使我们反思阅读教学。其实,作文教学从阅读教学就开始了。阅读教学的主要任务就在于引导学生汲取作者的言语智慧,并获得阅读的基本能力。忽然想起白居易的《赋得古原草送别》:"离离原上草,一岁一枯荣。野火烧不尽,春风吹又生。远芳侵古道,晴翠接荒城。又送王孙去,萋萋满别情。"有哲理,有深情,语言又生动。可是我们不能忘了如何审题,如何切题。你看题目中的每一个字都落实得妥妥帖帖。这是什么?这是思维能力。离开了思维,还能如此精彩吗?如果语文教学只教生动,不教思维,是不是浪费了作品的语文教育价值了呢?

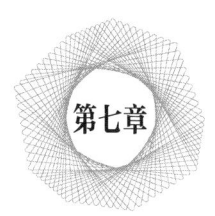

第七章

字里行间有逻辑

识字是小学语文第一要务

认知心理学告诉我们,人类认识世界需要表征系统。表征系统分为动作表征、映像表征、符号表征三个层级或三种方法。铁硬棉花软,是靠动作表征把握的。花红叶绿,日圆月弯,是靠映像表征把握的。动作表征和映像表征的认知价值很有限,人的认知必须从动作表征和映像表征上升到符号表征。"圆"就是一个符号,知道太阳、车轮、碟子的形状都是圆的,这就有了抽象思维。知道圆、方、三角都是形状,这抽象思维就深入一层。孩子抽象思维的快速发展是从入学开始的。"香蕉是水果""萝卜是蔬菜"这样的抽象思维尽管在入学前就可获得,但学校教育使学生的抽象思维迅速发展,并容易形成系统。如"两个点决定一条直线""不在同一直线上的三个点决定一个平面"。

小学教育的第一要务便是识字。在汉语里,一个字往往就是一个词,一个词就是一个概念。概念是思维的细胞,把握概念是逻辑思维的起点。识字量的大小、词汇量的大小,在学生时代特别是小学阶段特别能反映思维的发展程度。掌握了一个实词,就认识了一种事物。掌握了"阴""晴""雨""雪",便是认识了几种不同的天气。掌握了"鸡""鸭""猫""狗",就知道了几种动物。掌握了一个虚词,就理解了一种事物间的关系。掌握了"和",就认识了两种事物的联系。掌握了

"也",就认识到了两个事物有共同点。《义务教育语文课程标准(2011年版)》将"识字与写字"作为第一位的语文能力,是明智的。小学低年级大量识字,可以让学生尽早进行阅读,促进其思维发展和文化建构。

汉字是表意文字,字形有意义,能够显示字义的轮廓。因而,汉字的学习有更重要的意义。鲁迅说:"写山曰崚嶒嵯峨,状水曰汪洋澎湃,蔽芾葱茏,恍逢丰木,鳟鲂鳗鲤,如见多鱼。故其所函,遂具三美:意美以感心,一也;音美以感耳,二也;形美以感目,三也。"①

字典释义影响学生思维发展

我们来看两个字的释义。先看"川"字。一种解释是"指四川"。另一种解释是:"江河之总名。今陕西之南称四川省者,以境内有岷江、沱江、嘉陵江、大渡河四大川,因以为名也。"显然第二种解释好。若学生只知第一种解释,看到"山川秀丽"该怎么理解?看到"子在川上曰:'逝者如斯夫!'"同样别扭,难道是孔子在四川说的话?

再看"党"字。一种解释是:第一个义项,"政党,在我国特指中国共产党"。第二个义项,"由私人利害关系结成的集团"。第三个义项为"偏袒"。最后一个义项,"旧时指亲族,如父党、母党、妻党"。第二种解释是:"周制五家为比,五比为间,五间为族,五族为党;党,朋也,助也,朋助而匿非,则为偏党朋党之党。"这两种解释哪一个好?还是第二个。因为第一种解释,不明白几个义项之间的关系。而第二种解释则由远及近,一脉相承。

这两个例子告诉我们,字义的解释最好给出本义。了解了字的本义,引申义就很好理解。再看一个字的释义。"陕"字,《现代汉语词典》的解释是"指陕西"。《说文解字》的解释是"隘也。即险要不易通行之地"。《现代汉语词典》的解释令人知其然而不知其所以然。《说文解字》的解释给出的是本义,了解了"险要不易通行之地"的本义,即可悟出"陕西"的意思。即使不知道"陕"指"陕西"也无碍大局,地理课上很容易就知道了。

---

① 鲁迅.汉文学史纲要[M].南京:译林出版社,2018:5.

《澄衷蒙学堂字课图说》与《新华字典》释义比较

《澄衷蒙学堂字课图说》是一本很好的字典。这是叶澄衷所创办的澄衷蒙学堂自编的识字课本,初版于1901年,编者为澄衷蒙学堂校长刘树屏。

《澄衷蒙学堂字课图说》全书四卷八册,共选3 291个汉字,以常用字为主,生僻者不载。插图762幅。第一册为凡例、类字和检字索引。第二册为卷一,所收汉字包括天文地理、自然现象、山川河岳、各国知识、地方小志等。第三、四册为卷二,所收汉字涉及人事物性、乐器武器、花鸟鱼虫、矿物金属等。第五、六册为卷三,所收汉字为度量衡、日常生活、农业工业、虫豸动物、野生植物等。第七、八册为卷四,所收汉字属较抽象的人类活动和语言文字。该字典注重解释字的本义。释义分成简说与详说,简说为10岁以下的学生而设,详说为11岁以上的学生而设。识字之序分浅深二级,先浅后深。《澄衷蒙学堂字课图说》影响很大,扩印之多、流布之广,一时无二。胡适、竺可桢、茅盾等均以此书为启蒙字书。

"秦":《新华字典》解释为"陕西省的别称"。《澄衷蒙学堂字课图说》解释为"今陕西省皆秦国地也,宜禾,故字从禾"。后者揭示"秦"的本义,还能有助于字形的把握。

"皖":《新华字典》解释为"安徽省的别称"。《澄衷蒙学堂字课图说》解释为"地名,古皖国在今安徽境,故称该省曰皖"。后者说明了"皖"与"安徽"的关系。

"滇":《新华字典》解释为"云南省的别称"。《澄衷蒙学堂字课图说》解释为"滇池在云南,因以名省"。后者说明了云南何以简称为"滇"。

"浙":《新华字典》解释为"浙江,古水名,又叫渐江、之江或曲江,即今钱塘江,是浙江省第一大河流;浙江省的简称"。《澄衷蒙学堂字课图说》解释为"水名,俗名钱塘江。因其江流曲折,故谓之浙江,今以名省"。后者说明了钱塘江何以叫作"浙江",又可知"浙"字为形声字。

"江""河"不是形声字吗?

语文教材曾经有"形声字"的知识短文。有些语文教师对"形声字"的教学是有问题的。他们给形声字的定义是正确的,问题出在举例上——他们给形声字举的例子都是读半边的字,如"刚""钢""梁""粱"。由于语音的古今演变,许多在古汉语中读半边的形声字,在现代汉语中不读半边了,就连许慎《说文解字》作为形声字范例的字都不读半边了。《说文解字》谈到形声字时说"江河是也"。比如"江"字,在古汉语中读 gang,现在的吴方言还保留着这一读音。声母舌根音 g 演变为舌面音 j,而"江"字的声旁"工"在现代汉语中仍然保留了声母舌根音 g,于是"江"这个典型的形声字就不读半边了。讲"形声字"只举读半边的例子会带来两个弊端。其一,学生会认为只有读半边的字才是形声字。这样,占汉字 80% 的形声字就所剩无几了。其二,学生会将不读半边的形声字误读为半边,这样"瞠目结舌"就成了"tang 目结舌","刚愎自用"就成了"刚 fu 自用"。

举例的意义在于揭示概念的外延。举例的分布不全面,就无形中缩小了概念的外延。这是教学中应当特别注意的问题。其实数学也一样。讲"平行四边形",举例不能只是上下平左右斜的图形,还应当有左右直上下斜的图形。否则将来遇到左右直上下斜的平行四边形,学生就可能不认识。

副词"才"的语用色彩

副词"才"有"量小"之义。例如,"老赵才看了几本书啊!"表示老赵看书少,"你才多大啊!"表示对方年龄小。可是,"才"所表示的"量小"并非纯客观的,而是带有主观因素的。或者说"才"所表示的"量小"具有鲜明的语用色彩。例如,张同学说:"这次数学考试我竟然考了 80 分!"李同学说:"这次数学考试我才考了 85 分。"明明李同学考分不少,比张同学还多 5 分,他却说"才考了 85 分"。原来,张同学功课一般,考试常在 70 分左右;而李同学功课好,考试常在 90 分以上。"85 分"比"90 分以上"恰恰是少了。

副词"才"的语用色彩,使得含有"才"的语句带着语用意义以表达思想情感。邹韬奋在《我的母亲》中写道"母亲死的时候才二十九岁",这里的"才"表达了作者对母亲英年早逝的惋惜之情。如果没有这个"才",说成"母亲死的时候二十九岁",就是纯客观的,冷冰冰的。

虚词和词序是汉语的两大语法手段。虚词更多地用在书面语中,学生入学之前在口语中习得较少，因此语文教学应当重视虚词的教学。然而遗憾的是，不少教师的语文教学往往忽视诸如此类的语言形式。其原因在于其片面地理解语文课程的人文性，只顾文本的文化内涵，或者语文本体的素养欠缺，不善于发现有价值的语言现象。

"幸亏"的逻辑

贝新祯老师研究副词"幸亏"，写成《副词"幸亏"逻辑辨》。据贝新祯老师的研究，若将含有"幸亏"的语句称作"幸亏 A"，那么：第一，A 是已然的事实；第二，A 不是必然的；第三，A 与非 A 相比，A 优于非 A。

例如，两人逛公园，甲说："下雨了。"乙说："幸亏我带了把伞。"这里，第一，带伞是已然的事实。第二，不带伞是可能的。第三，带伞比不带伞好。副词"幸亏"的这三个特征，缺一不可。缺少其中任何一个，那么"幸亏"的使用就不恰当。如果乙事实上并没有带伞，那么"幸亏我带了把伞"为病句。如果当时没有下雨，那么"幸亏我带了把伞"为病句。换一个情境。甲说："这花儿真香！"乙说："幸亏我带了鼻子。"那么或者是病句，或者是幽默。当然，究竟是病句还是幽默，涉及更多的语用学问题，这里不再展开。

《副词"幸亏"逻辑辨》获金岳霖学术奖优秀奖。

"难怪"的逻辑

上海师范大学刘辉老师研究了"难怪"的逻辑。

> 设含有"难怪"的句子为"p，难怪 q"。"p，难怪 q"有如下特征：第一，说话人认定 q 是事实；第二，说话人表明自己对何以 q 有相对较长时间的困惑；第三，说话人认定 q 的原因是 p。

加拿大作家斯蒂芬·巴特勒·李科克《我们怎样过母亲节》第 1 自然段："一年过一次母亲节这个主意要算最高明了，难怪 5 月 11 日在美国正在成为一个人人喜爱的日子。"

第一，q 为"5 月 11 日在美国正在成为一个人人喜爱的日子"是事实。第二，p 为"一年过一次母亲节这个主意要算最高明了"。第三，"我"认为：美国的母亲节是每年的 5 月 11 日。但实际上，根据相关资料显示，从 1908 年至 1926 年，美国的母亲节只有三次在 5 月 11 日。于是可获得如下语用推理："我"既不了解母亲节，又认为美国人人都认同"我"的看法，因此，"我"应该是一个自以为是、自我中心的人。

斯蒂芬的《我们怎样过母亲节》有不同的翻译版本，有的版本删去了上述第一段，这是不明智的。

"祥林嫂，你放着罢！"与"你放着罢，祥林嫂！"

语用逻辑、语用学的把握不仅要指向词语，还应当指向文本的理解。整个语文教学都应当从语形、语义的层面上升到语用的层面。语文教育在本质上应当是语用教育。

鲁迅的《祝福》，写到过年祥林嫂来帮四婶摆祭器，四婶说："祥林嫂，你放着罢！"第二年祥林嫂又来帮四婶摆祭器，四婶说："你放着罢，祥林嫂！"有教师教学，只是告诉学生，前者是一般次序，后者是特殊次序，是个倒装句。这种贴标签式的语文教学是有问题的，学生只知其然，不知其所以然，不知道为什么前面用一般次序，后面用特殊次序。

上升到语用层面的语文教学，就是要从语言符号与符号使用者的关系来分析语言现象，指明语言运用的规律。在四婶看来，祥林嫂是个不祥的女人，她碰祭器是亵渎神灵的，因此要阻止祥林嫂碰祭器。第一次么，留点儿客气，有话好好说。于是用一般次序："祥林嫂，你放着罢！"第二年，祥林嫂又来帮着四婶摆祭器。在四婶看来，祥林嫂实在太不知趣了，"我"已经提醒过你一次了。于是又要阻止祥林嫂碰祭器，非常急切地阻止祥林嫂碰祭器，急切到称呼"祥林嫂"的时间都容不得，上来就直奔主题"你放着罢"，然后再来补足"祥林嫂"的称谓。于是读者就看到了这样一个倒装句："你放着罢，祥林嫂！"话语方式是有力量的，祥林嫂分明感觉到了这倒装句的力量，伸出去的手"像是受了炮烙似的"缩了回来。时间不长,祥林嫂就像一个木偶人了,"眼睛间或一轮"。这就是精神上的折磨,而特定的话语方式显然加强了这种精神折磨的力量。

语言的常式与变式

邹韬奋《我的母亲》最后一段说:"她的可爱的性格,她的努力的精神,她的能干的才具,都埋没在封建社会的一个家族里。"这样的表达看似不合常规。语言的运用有经济原则,常有省略,特别是承前省略。例如:"鲁迅是文学家,也是思想家。"这是主语承前省略。"胡适,鲁迅是新文化运动的领袖。"这是省略相同的谓语。定语也可省略。例如:"你把我的书、笔、本子递给我。"没有人会那样说:"你把我的书、我的笔、我的本子递给我。"那得多啰唆啊!可是邹韬奋却在这里连用三个相同的定语"她的"。省略是常式,不省略是变式,这变式就有了强调的意味。强调什么?正是强调定语"她的"。心里有对母亲的深情,倾注笔端,这情感就蕴含在字里行间了。

对话语用逻辑例说

现场对话是最生动的语言交际,语言交际的得体与成功特别需要遵循语用的逻辑。比如关键词的把握与递进,请看有部电视剧中孙中山与康有为的对话。孙:"医学博士孙文见过康先生。"康:"医学博士?我这儿的人都没有病。"孙:"大清国人人有病。"康:"什么病啊?"孙:"愚昧之病。"康:"愚在何处啊?"孙:"被奴役者却以为自由着,从来不知道平等为何物,不知自爱且不知爱人。一句话,奴才不知道自己是奴才。"康:"病根何在?"孙:"这就多了。四书荼毒生灵,五经钝化人心,三纲生产奴才,五常捆绑性情,这是文化之病。普天下之大众,食不能果腹,衣不能暖身;而王爷大官骄奢淫逸,盘剥不止,这是经济之病。所有这些病症都是一个总病根,那就是政治之病,华夏四千年的封建专制。"康:"开个方子试试。"孙:"走向共和。"康:"这方子有几味药啊?"孙:"思想之药三味,自由、平等、博爱;制度之药三味,立法、司法、行政,三权分立。"

这场对话是从孙中山自报家门开始的:"医学博士孙文见过康先生。"这是很正常的表达。孙中山拜见康有为,孙中山处下,康有为在上。有话语优势,并不意味着可以胡言乱语。语言本身就是庄重的东西,由不得你乱来,何况你是个有身份的人。康有为该如何表达?若说"欢迎欢迎!"未免过于热情,似乎没有城府。若说:"不见不见!"又过于冷漠,失了大家风范。如果说:"什么事啊?"也就俗了。康有为说:"医学博士?我这儿的人都没有病。"这第一句话就足见其话语智慧。既不是来者不拒,热情相迎;又不是一概不见,冷若冰霜。其话语智慧的关键,就是从孙中山自报家门的关键词作文章;你是医学博士,可我这儿的人都没有病,看你怎么说。这就是考试,看看来者究竟是一个怎样的人。这样的话语特征对孙中山的表达形成一种制约,一种压力。如果孙中山说"我不是来看病的",那就索然无味。无论说"我是来跟您谈政治的",还是说"我是来向康先生请教的",也就都没意思了。康有为也就可以下逐客令了。孙中山敏捷地把握了康有为的关键词"病",于是说:"大清国人人有病。"既尊重了对方的话语思路,又把握了前来拜访的主旨,掷地有声。康有为不由地刮目相看,精彩的对话就这样展开了。……等康有为问"病根何在?"时,孙中山回答:"这就多了。……"康有为被打动,将对话引向深入:"开个方子试试。"关键词的把握并不是只能一句接一句,"方子"是从原来的关键词"病"而来。孙中山:"走向共和。"这药方振聋发聩。康有为进一步深入:"这方子有几味药啊?"孙中山和盘托出:"思想之药三味,自由、平等、博爱;制度之药三味,立法、司法、行政,三权分立。"整个对话紧张、机智,扣人心弦,发人深思。

"除非……,才……"与"除非……,不……"

必要条件假言命题常用的语言形式是"只有……,才……"。例如:"只有年满18岁,才有选举权。"表示年满18岁是有选举权的必要条件。再如:"只有太阳从西边出来,张横才能改好。"表示太阳从西边出来,是张横改好的必要条件,极言张横改好之不可能。"除非……,才……"也用于表达必要条件假言命题。例如:"除非年满18岁,才有选举权。""除非太阳从西边出来,张横才能改好。"

"除非太阳从西边出来,张横才能改好。"可以说成"除非太阳从西边出来,张横不能改好。",也就是说"除非……,才……"与"除非……,不……"等值。这是不是有点怪?难道"才"等值于"不"?当然不是。原来"除非……,才……"与"除非……,不……"中的"除非"不是一个意思。"除非……,才……"中的"除非"相当于"只有",而"除非……,不……"中的"除非"相当于"除了"。"除非太阳从西边出来,张横不能改好。"就是排除了太阳从西边出来这种情况,也就是说张横是改不好的。这还是强调太阳从西边出来是张横改好的必要条件,还是极言改好之不可能。

"好容易"与"好不容易"

生活中经常看到这样的情形:

某人跑得气喘吁吁,登上了一辆公交车。于是他说:"好不容易赶上这辆车!"相同的情境,有人会说:"好容易才赶上这辆车!"

这样看来,"好容易赶上这辆车"与"好不容易赶上这辆车"表意相同,都表示赶上这辆车费了好大劲。这是不是很奇怪?个中奥妙在于前者是一般的表达,而后者是反语。前者是一般地表达赶上这辆车的不容易,后者是正话反说,同样表达赶上这辆车的不容易。

这样的例子,说明了语言的丰富多彩。我们不仅应当了解这丰富多彩的语言,而且应当了解这丰富多彩的语言背后的机理。

"美女就是坏女人"?

《南方周末》曾经有一篇文章《我们的语文书》。作者讲了自己学习中的一个故事:

上小学高年级时,语文教材有一篇写模范人物的通讯《小车不倒只管推》,里面说这位模范人物挡住了阶级敌人"金钱、美女和糖衣炮弹"的进攻。也不知道是真不懂还是恶作剧,学生问老师:"什么是美女?"老师想了想说:"美女就是坏女人。"后来中学有一篇文言文讲抗敌英雄冯婉贞,其中写到冯婉贞"姿容妙曼"。学生一看注释,"妙曼,形容女子姿态美好"。那个名叫冯婉贞的女子不就是一个美女吗？他一回想起小学老师对美女的注解，就真不知道谁说得对，该听谁的了。故事的教训在于，老师怎么教，学生就会怎么理解，老师的教学一旦出了错，其错误的影响可能是长远的。

"江河是鱼儿的家"不对吗？

宫振胜《教育评论中批判性思维系列短文》（见《批判性思维与创新教育通讯》电子期刊第 24 期）引述了这样一个教学案例：

> 一首儿歌说："江河是鱼儿的家。"学生说："鱼儿的家不仅仅是江河，还有湖海，要改成'水是鱼儿的家'。"老师说："很好，有自己的想法。"

这里，学生的意见是不能成立的。"江河是鱼儿的家"这句话没有错误。教师盲目地肯定学生的意见，是有问题的。这样的教学不仅不能发展学生的思维，反而会扰乱学生的思维。

教师至少可以用两种方式来引导学生的思维。第一，关键词的解释："是"并非"等于"的意思。具体到这句话上来分析，说"江河是鱼儿的家"，并没有否定湖海也是鱼儿的家。第二，类比的方式：尽管茶、咖啡、果汁等都是饮料，但我们可以说"果汁是饮料"。同样，说"黄瓜是蔬菜"，不等于否定茄子、豆角等也是蔬菜。

可能世界与叙事逻辑

逻辑是研究可能世界的。现实世界也是可能世界，是众多可能世界中的一个，含有逻辑矛盾的事物不存在于可能世界。语文教育的逻辑研究更多地集中在议论。其实叙事有叙事的逻辑，叙事逻辑是事物本身的逻辑在叙事中的表现。例如，记叙文有"时间、地点、人物、事件、原因、结果"六要素。之所以时间在地点之前，是因为时间因素大于地点因素。我们与特朗普时间相同，尽管地点不同，还是可以见面的。我们与李白地点相同，由于时间不同，永远不可能相见。再如，事情的起因一定在事情的结果之前，所以先写结果后写起因那叫倒叙。倒叙是必须有所交代的,这也是叙事逻辑的要求。又如,我们可以虚构一个人物和故事,但不能给真实人物虚构故事。故事中的人物不能与现实世界发生矛盾。如果故事中的人物生活在人类发明火之前,这个人物就不能生火做饭。故事中的人物生活在人类发明陶瓷之前,就不能让这个人物用陶瓷器皿盛饭或盛水。

曾有某版本小学语文教材收录了《爱迪生救妈妈》一文,说的是爱迪生 7 岁那年,妈妈得了急性阑尾炎,上医院已经来不及了,医生决定在家里做手术,但房间里光线太暗。爱迪生让几个小朋友每人用一面镜子,把光线聚集到一起。手术成功了,妈妈得救了。这个故事受到了许多人的批评。因为这个故事违反了基本的叙事逻辑。世上第一例阑尾炎手术是 1886 年做的,而爱迪生 7 岁那年是 1854 年,不可能有阑尾炎手术。

类似的例子还有《半夜鸡叫》。有人给美国小学生讲"半夜鸡叫"的故事。美国学生说:"我养过鸡,并且做过实验,必须有自然光的刺激,鸡才能叫。"另一位学生说:"半夜什么也看不见,长工们没法干活。"这个故事的问题同样在于,叙事违反了生活本身的逻辑。

所幸的是,这些文章在现行教材中都未再收录。

"将传统文化融入语文教育"是一个伪命题

时常看到有人说,要"将传统文化融入语文教育"或者"在语文教育中融入中华优秀传统文化"。这样说的有大学教授,有中小学教师,有教研员,也有教育行政部门的领导。看起来,这样的说法似乎很重视传统文化。然而遗憾的是,这种说法是不能成立的,"将传统文化融入语文教育"是一个伪命题。

所谓"融入",是说将甲物放进乙物使之融合。例如,将盐融入水,将药物融入生理盐水等。"融入"的预设是,甲乙两者是完全不同的两种事物,我中无你,你中无我,否则便不能称之为"融入"。"将传统文化融入语文教育",其预设是,传统文化与语文教育是两种完全不同的事物。那么,"传统文化"与"语文教育"果真是两种完全不同的事物吗?回答是否定的。

语文课程以什么方式呈现?语文课程的呈现方式是以文选为主的语文教材。也就是说,语文课程要以言语材料的方式学习语言。任何文章都是语言形式与思想内容的统一。语文教材的大部分课文是汉语与民族文化思想内容的统一。学生读这些课文,受到的正是中华文化的感染熏陶和潜移默化。所谓"将传统文化融入语文教育",岂不是无稽之谈?

上述论证告诉我们,语文课程的主体正是中华民族文化,从一定的意义上说,语文教育就是民族文化教育。或者说,民族文化教育是语文教育的题中应有之义。正如《义务教育语文课程标准(2011年版)》在"前言"中所说:"语文课程对继承和弘扬中华民族优秀文化传统和革命传统,增强民族文化认同感,增强民族凝聚力和创造力,具有不可替代的优势。"

如此说来,所谓"将传统文化融入语文教育"的说法岂不荒谬?"将传统文化融入语文教育"是典型的伪命题。声称"将传统文化融入语文教育",貌似重视传统文化,其实对语文课程的民族性和民族文化特征视而不见,对语文教育充盈的传统文化教育内涵视而不见。

既然"融入论"不能成立,为什么还有许多人要这样说?"融入论"的出现,有着多方面的原因。

"融入论"的出现,其原因在于文化心态出了问题。"传统文化"是一个闪着光环的术语。吊诡的是,在当下的社会文化语境中,"传统观念"是一个贬义词,"传统思维方式"似乎也是贬义词,而偏偏"传统文化"却是一个褒义词。似乎一旦谈论"传统文化",就把自己置于一个道德高地,成了正义的化身。"传统文化"的光环,可以使论者心中充满道德优越感和神圣感,究竟讲了什么道理似乎也就不那么重要了。殊不知概念本身并不能表达思想,概念组成的命题才能表达思想。"传统文化"这一概念同样如此,关键还是要看用"传统文化"这一概念组成了怎样的命题,作出了怎样的论断,表达了怎样的思想,要看这一命题是否真实,其论断能否成立。

"融入论"的出现,也反映了论者对传统文化理解的肤浅和狭隘。他们不明白语言不仅是文化的载体,同时也是文化本身,他们不明白语言是一个民族文化的灵魂,而把传统文化局限于精神层面。他们说,要弘扬民族文化,其实就是弘扬这些精神。他们说,这些精神是文化的灵魂,至于诸子百家,诗词歌赋,其实都是这种精神外化的寄托,都是由灵魂派生出来的。精神为本,文本为末。

在精神层面,他们把传统文化局限于道德教化。他们说,特别是在经济建设迅猛发展、外来文化滚滚而来的今天,道德意识正逐渐淡漠,中小学教师应该看到传统文化在学生健康成长中的重要作用。他们看重的是思乡的《静夜思》和惜时的《长歌行》,从来没有看到哪位"融入论"者倡导读《关雎》。他们不明白,甚至没有想过为什么《诗经》的第一篇是《关雎》。

即使在道德范畴,"融入论"者的视域也很窄。他们最感兴趣的是用来约束青少年言行的《弟子规》。颇有意味的是"融入论"者倡导的《悯农》,只是"锄禾日当午,汗滴禾下土。谁知盘中餐,粒粒皆辛苦",却没有"春种一粒粟,秋收万颗子。四海无闲田,农夫犹饿死"。难道惜物才是美德,而同情劳动者,主张社会公平不是美德?还是《义务教育语文课程标准(2011年版)》高明,在"优秀诗文背诵推荐篇目"中,两首《悯农》都有。

他们将传统文化局限于孔孟的儒家文化,而对墨子的《非攻》和庄子的《秋水》不屑一顾。更为严重的是,他们对传统文化不作反思,不区别传统文化的积极内涵与负面因素。他们主张的传统文化中甚至包含了迂腐的忠君观念:是什么原因使诸葛亮坚持留在蜀国,帮助昏庸的后主"北定中原,兴复汉室"呢?他们让学生把握人物高尚的精神境界:欲报知遇之恩,有感恩之德;定要兴复汉室,有慨然大志;尽力辅佐后主刘禅,有以国家利益为己任、鞠躬尽瘁、死而后已的伟大精神。这位"融入论"者明知刘禅昏庸无能,却置之不顾,只要是忠,就要大讲特讲,甚至让学生以刘备的口吻写一篇托孤辞。试问,这样的传统文化是优秀的吗?向学生灌输这样的文化究竟是为了什么?我们究竟要把学生引向何处?把学生培养成什么样的人?

"融入论"的出现,其根本原因在于对语文课程的误解。"融入论"者压根儿不管《义务教育语文课程标准(2011年版)》对语文课程的基本定位:"语文课程是一门学习语言文字运用的综合性、实践性课程。"他们误把思想教育作为语文课程的主要目标,误将课文的内容作为语文教学的主要内容,甚至为了思想教育的目标还要从思想内容拓展开去。

当然,语文课程是工具性与人文性的统一,语文课程在培养学生理解和运用国家语言文字的能力的同时,还要发挥其伦理功能,提升学生的精神境界。而且高尚而丰富的精神境界可以形成语言发展的强大动力。因此,语文教材选篇应当坚持文质兼美的原则。《义务教育语文课程标准(2011年版)》在"教材编写建议"中,明确提出:"教材要注重继承与弘扬中华民族优秀文化和革命传统,有助于增强学生的民族自尊心和爱国主义情感。"在"附录"中,提出了"优秀诗文背诵推荐篇目",其中小学75篇,初中61篇。在"附录""关于课外读物的建议"中,还有童话、寓言、故事、诗歌散文作品、长篇文学名著等。然而,所有这些,都是语文课程的内在需要,都是语文课程的有机内容,并非为了所谓的"融入"而外加的。

第八章

语言的逻辑分析——以媒体语言为例

这是一个媒体文化的时代

我们所处的时代,是一个媒体文化的时代。书籍、报纸、广播、电视,已经被称为传统媒体。计算机的发展带来了因特网时代,网络被称为新媒体。手机的发展开辟了自媒体时代。美国纽约大学尼尔·波兹曼教授《童年的消逝》告诉我们,是印刷术的出现创造了"童年"的概念。知识和文化的力量伴随着书籍迅速地扩张,不读书,在文化人格上就永远长不大。罗斯福有一句名言:"不做总统,就做广告人。"这在相当程度上反映了媒体的力量。媒体的力量实在是太巨大了,明星的耀眼光环也正来自媒体。中国古代下九流的"戏子"与当代的明星,仿佛是生活在两个世界。影视明星的巨额收入是以巨大的收视率和巨大的票房收入为前提的。中国一年一度的央视春节联欢晚会使许许多多的人以几乎相同的方式度过除夕。一种新的职业——节目主持人,已经成了令人非常羡慕的职业。赵忠祥主持过13届央视春晚;白岩松每年带十余个研究生;崔永元以其幽默含蓄的特有语言成了多少人的偶像!小赫胥黎一百年前所预言的"人们只知道笑,却不再思考,并且不知道为什么不再思考"的娱乐时代正是借助媒体的力量而势不可挡。

媒体文化时代需要公众媒介素养

媒体文化时代需要社会公众具有良好的媒介文化素养。媒介文化素养离不开技术层面的东西，诸如各种媒体的操作使用。但媒介文化素养绝不仅仅限于技术层面的使用方法，更重要甚至最重要的媒介文化素养在于质疑和反思的理性精神。由于商业利益的追求，媒体并不总是代表百姓的利益，并不总是代表社会文化的正确方向和先进的价值观念，也并不总是说真话。我国的公众媒介文化素养严重滞后，质疑和反思的逻辑理性从来没有像今天这样重要，通过教育培养公众的媒介文化素养，特别是质疑和反思的逻辑理性从来没有像今天这样迫在眉睫。语文能力"听说读写"的"读"，应当包含"读屏"的能力。媒体语言的逻辑分析或许对于提升公众逻辑理性具有切实的意义，对于提高学生的语文素养同样具有切实的意义。

"有健康就有好生活"吗？

一个地方电视台，一个名为《健康好生活》的栏目，其片头语是"有健康，就有好生活"。这片头语是有问题的。"有健康，就有好生活"说的是"健康"是"好生活"的充分条件，但事实并非如此。张三有健康，却过着贫困的生活；李四有健康，却找不着工作；王五有健康，因为盗窃被抓起来了；赵六有健康，因为贪污受贿被双规了。你看，他们虽然有健康，却都没有好生活。其实，健康本来是好生活的必要条件。应当说："有健康，才有好生活"，或者"没有健康，就没有好生活"才对。你看：赵聪是能工巧匠，有许多发明创造，但有心脏病，整天提心吊胆；钱明开公司挣了很多钱，住着别墅，开着"宝马"，可是有糖尿病，还得天天打胰岛素；孙敏天生丽质，却因盲目减肥闹得营养不良；李捷当了高官，却有高血压。他们各有优势，然而失去了健康这个必要条件，于是都没有好生活。

混淆充分条件假言命题和必要条件假言命题是常有的事。某省委组织部领导讲农村基层党组织建设说："只要那里的基层党组织建设好了，那里的生产形势就一定好。"人家说："那你还要改良种子干嘛？那你还兴修水利干嘛？"这也是将必要条件误作充分条件。某部门宣传戒烟的重要性,说:"只要戒烟,就能健康。"人家说:"我们隔壁那李老头,戒烟十年了,还是半身不遂,卧床不起。"这还是误将必要条件当成了充分条件。

"如果……,才……"是什么意思?

有媒体报道《土耳其双胞胎不同父》一文说:"如果一名女子在同一个月经周期中排出两枚卵子,且短期内与两名男子发生性关系,才可能出现这种情况。"这里使用的"如果……,才……"这一句式是什么意思?令人莫名其妙。我们已经说过,"如果……,就……"表达充分条件假言命题,"只有……,才……"表达必要条件假言命题。"如果……,才……"表达什么呢?显然,这是一个杂糅的句式,是典型的逻辑错误。按照语义分析,"一名女子在同一个月经周期中排出两枚卵子,且短期内与两名男子发生性关系"是"出现这种情况"(即双胞胎不同父)的必要条件。因此,这里的句子应当改为:"只有一名女子在同一个月经周期中排出两枚卵子,且短期内与两名男子发生性关系,才可能出现这种情况。"写这篇文章的人,如果不是笔误,就是根本不懂逻辑。进一步分析,无论是笔误还是不懂逻辑,审稿者和校对者都没有发现这一错误,媒体工作人员逻辑常识的欠缺,可见一斑。

两小儿的论证有道理吗?

有一位作家在中央电视台讲孔子,说到《两小儿辩日》:"一个小孩儿说,太阳早晨离得近。根据生活经验,离得近的东西看上去大些,而早晨的太阳看上去大些。另一个小孩儿说,太阳中午离得近,因为太阳中午热。这两个小孩儿说的都是有道理的。"这位作家认为两个小孩儿的话都是有道理的,也就是说,他们的论证是成立的。遗憾的是,这位作家错了。事实上,这两个小孩儿的理由都不能证明自己的观点,因为他们的推理都是无效的。"如果离得近,那么看上去大。太阳早晨看上去大,所以太阳早晨离得近。"这是一个通过肯定后件来肯定前件的充分条件假言推理。充分条件假言推理只有肯定前件式和否定后件式。充分条件假言推理的规则告诉我们"肯定后件不能肯定前件",因而这是一个无效式。"如果离得近,那么感觉热。太阳中午感觉热。所以太阳中午离得近。"这一推理也是通过肯定后件来肯定前件,同样是无效式。作家有文学创作的才华,但同样需要遵守逻辑的法则,尤其是在媒体上做文化普及,更应如此。

同源等于同时吗?

一家地方电视台播放的某膏药广告中有某大师现场对话。这位"大师"说:"少林寺有一句话叫作'武医同源',也就是说,有了武术的同时就有了医学。"这句话是有问题的。因为"同源"与"同时"是两回事。两个池塘源于同一洼山泉,但张庄的池塘是五百年之前挖的,李村的池塘是三百年之前挖的。这说明,同源的事物并不一定同时。人们常说"书画同源",但似乎没有人因此说"书画同时产生"。还有人说"医食同源",但似乎没有人说:"医食同源,就是说有了食物的时候就有了医学。"就武术与中医的关系而言,有人认为,中医起于伏羲、神农和黄帝时代,而武术则要晚些。但这不是问题的关键,问题的关键在于:即使武医的确同源并且的确同时产生,说武医同源,也并不意味着说武医同时产生。因为两者没有必然联系。张海山是医生也是诗人,但不能说:"张海山是医生,也就是说张海山是诗人。"因为一个人是医生与一个人是诗人之间没有必然联系。同样,两个事物同源与两个事物同时产生之间也没有必然联系,即使有很多事物既同源又同时产生。

一次报刊逻辑语言病例征集活动

2006年,中国逻辑学会、中国语文现代化学会、中国编辑学会、中国语文报刊学会、中国文化报社、中华新闻报社、光明日报理论部、中国逻辑与语言函授大学等8家单位在教育部语言文字应用管理司和新闻出版总署报纸期刊出版管理司的支持下,组织了全国报刊逻辑语言应用病例有奖征集活动。共收到应征病例14 883份,发现概念不明确、明确概念所使用的逻辑方法不当、判断不恰当、推理不合逻辑、思维表达违背逻辑规律等5类逻辑问题和词汇、语法、表达、标点及错别字等4类语言方面的问题,并选取有代表性的1 100个病例,编辑出版了《报刊逻辑与语言病例评析1 100例》,由首都师范大学出版社于2008年出版。每一条病例均有原句、病因分析和修改句。仅2006年7月14日这一天的4份中央级报纸和24份省市级报纸,就发现逻辑语言问题1 289例,平均每份报纸46例。其中一份报纸的逻辑语言问题竟然高达184个,平均每版23个。问题之严重令人吃惊。

报刊语言失范的现象应当引起重视。语言与思维互为表里,语病的背后是逻辑思维的混乱。

教育机器人广告语质疑

许多商品广告制作得并不理想。我们批评商品广告,不等于批评商品,也许商品很好,我们只对商品的广告语提出质疑。有更恰当的广告语,也许商品会有更好的市场,关键是要真实地将商品的特有价值表达出来。下面是某款教育机器人的广告:

它是一个有问必答的智能小天才。××,你会唱《小星星》的英文歌吗?(唱)××,三角形的面积怎么计算?(回答)

自从××机器人来到我家,对我们的帮助真是太大了!它的智能教育功能远远超出了我们的想象。孩子小的时候,它能讲各种童话故事、寓言故事,背古诗,开发孩子的想象力。等孩子大一点,它能根据教材教英语,讲数学,讲历史,学百科。不仅如此,××还能够为孩子制订非常科学的学习计划。

它是一个有问必答的智能小天才。以前啊,孩子学习上有问题,全都来问我。现在啊,他自己就像查字典一样,直接去问××,又方便,又精确。

它是一个专属教育的机器人。每一个××机器人,都与云端相连,云端就是机器人的大脑,瞬间回答孩子的语文、数学、英语等学习问题,成为孩子全面的学习助手。

天才?(英语回答)你是天才?(英语回答)××,我想听英文版的《小红帽》。

××拥有海量的教育资源,它的知识库连接全世界各种语言的教育内容。

××,水的化学式怎么写?(回答)××,什么是氧化还原反应?(回答)

我观察发现,这个叫××的机器人让不爱学习的孩子有了浓厚的学习兴趣,让爱学习的孩子更加有创意,爱思考。

哇!××,你怎么什么都知道啊!(回答)

智能机器人激发了孩子的创造力。比如说用数学课本学习英语,用英语朗读语文课文。甚至二三年级孩子,还可以主动学习五六年级甚至初中高中的知识,让你感觉每个孩子都变成了少年天才。

在这么长的广告语中,我们没有看到××机器人对孩子的学习究竟有怎样的意义。

先看孩子跟机器人的对话。机器人能唱英语歌,讲英语故事,这不是机器人特有的价值,用电脑、听光盘照样可以。机器人能把词和句子译成英语,这也不是机器人特有的价值,上网照样能查到。上网查资料是学生必备的能力,用学习机器人查却不是。如果查词的翻译,还是查词典更好,这是更基本的学习能力。孩子问机器人三角形面积的计算公式,问水的化学式,问什么叫氧化还原反应。这些根本不应该问机器人。想知道三角形面积的计算公式应该看数学课本,想知道水的化学式、氧化还原反应,应当看化学书。复习课本是正常的科学的学习方式、学习能力和学习习惯,这样的复习有助于融会贯通。而单独地问答案,很容易将知识碎片化。

再看公司的介绍。"它是一个有问必答的智能小天才。""它是一个专属教育的机器人。每一个××机器人,都与云端相连,云端就是机器人的大脑,瞬间回答孩子的语文、数学、英语等学习问题,成为孩子全面的学习助手。""××拥有海量的教育资源,它的知识库连接全世界各种语言的教育内容。"说的是资源库大,有问必答,但这些并没有什么特殊意义。中小学生的学习不必具备《不列颠百科全书》那样的知识条件,有问题应当看课本,看笔记,问老师,问同学或者问家长。

再看家长的描述。"自从××机器人来到我家,对我们的帮助真是太大了!它的智能教育功能远远超出了我们的想象。孩子小的时候,它能讲各种童话故事、寓言故事,背古诗,开发孩子的想象力。等孩子大一点,它能根据教材教英语,讲数学,讲历史,学百科。不仅如此,××还能够为孩子制订非常科学的学习计划。"讲故事、背古诗没有什么了不起,讲故事还是家长讲、老师讲好。"开发孩子的想象力"当然好,但没有告诉我们是怎样开发的,靠讲故事、背古诗吗?"根据教材教英语,讲数学,讲历史,学百科",教材有老师讲,机器人重复讲无益反有害。"能够为孩子制订非常科学的学习计划",学习计划应当由谁来制订?应当由学生自己来制订。应当由谁来帮助?应当由老师来帮助。老师可以根据学生在学校学习的情况有针对性地帮助。机器人能知道孩子在课堂上的表现吗?机器人又不了解孩子学习的具体情况。"以前啊,孩子学习上有问题,全都来问我。现在啊,他自己就像查字典一样,直接去问××,又方便,又精确。"问家长、问老师、问同学可以展开对话,可以得到有针对性的帮助,最好的教育一定是面对面的。问机器人或许带来的是知识的碎片化。查字典当然更好,不仅解决具体问题,而且培养查字典的能力,这是必不可少的能力。代之以机器人,查字典的能力怎么办?"我观察发现,这个叫××的机器人让不爱学习的孩子有了浓厚的学习兴趣,让爱学习的孩子更加有创意、爱思考。"浓厚的学习兴趣是怎么来的?究竟是学习兴趣,还是玩机器人的兴趣?

另外,该广告语中还有知识表述不恰当的问题。孩子问:"什么是氧化还原反应?"机器人的回答是:氧化还原反应是三大基本反应之一。这样的回答是不到位的。就像问:"《红楼梦》是一部什么小说?"回答:"《红楼梦》是四大古典名著之一。"你得说明"氧化还原反应"的定义,它与其他反应的不同的特质是什么。

另一个教育机器人的广告语,与这则广告语大同小异。孩子问:"高兴的反义词是什么?"回答:"悲伤、伤心、难过。"这种找答案的学习是成问题的。知道一个词的反义词是什么,有哪些,应该是大量阅读后的水到渠成。离开了阅读,知道反义词又有什么意义?

昆山
——一个有戏的地方

在虹桥机场和苏南硕放机场,经常可以见到一条地方宣传广告:昆山——一个有戏的地方。看到这条广告,顿觉眼前一亮,甚或会心一笑。这广告实在太妙了!坐在飞机上,我还在想,给昆山这个城市做广告,恐怕再也没有比这更好的广告语了。我们知道,昆山是被称为"百戏之祖"的昆曲发祥地。"有戏",当然首先是实指有昆曲,提示受众,昆山有着悠久而深厚的历史文化。"有戏",还有其比喻义,就是"有故事""有希望""可以成就"。"一个有戏的地方",立刻让人联想到"一个有故事的地方","这是一个可能会发生奇迹的地方"。这奇迹或许是创业的成功,或许是爱情的姻缘,或许是友情的邂逅,还或许是其他许许多多各种各样的奇迹,任由读者驰骋想象。

"昆山——一个有戏的地方",究竟是什么样的作者创作了这条广告语?我猜想,作者或许学富五车,或许才华横溢,抑或是灵机一动,灵光一现!这广告语一定可以进入优秀广告语大全,甚至可以进入广告学的教科书。

公众人物语言艺术管窥

有不少公众人物很讲究语言艺术。先说易中天。电视台做易中天的访谈节目,节目主持人问易中天一个问题:"有人说穿露脐裤好看,有人说露脐裤不好看。您怎么看露脐裤?"易中天答道:"小心别着凉。"这话说得妙!因为他巧妙地回避了一种尴尬:使自己跳出了两难的境地。在这个价值多元的时代,无论说穿露脐裤好看还是不好看,总会有许多人不同意,总会有许多人有相反的看法。奥妙在于,不把这个问题局限于非黑即白的两极思维中去。易中天的高明就在于跳出了非黑即白的矛盾区域,使他的回答不受排中律的制约。

有一次,白岩松面对很多的医生,作关于医德的演讲,这是一个很不好讲的题目。白岩松最后讲到了他父亲的故事。在20世纪70年代,他的父亲患癌症在天津治疗,尽管最后没有治好,但医生的尽职尽责令人感动。他说:"我妈妈对我说了这样一句话,'如果现在的技术加上那个时候的医生,也许你爸的病可以治了'。我觉得这句话我要修改成:'如果制度与环境松绑之后,让蒙在医生身上的灰尘剔除掉、那些扭曲剔除掉,再加上现在的技术,那么很多患者都可以得以治疗。'"白岩松为什么要修改那句话呢?因为那句话可能会被简单地推出一个语用预设:现在的医生不好。正是为了避免那样的误会,白岩松谨慎而精致地修改了表达。这就是他的语言艺术。

疑问式标题的增加说明了什么?

2006年的一次全国性学术会议上,北大的一位博士研究生发言的题目是"报纸疑问式标题显著增加"。我们知道,报纸新闻报道的标题,一般是陈述句,但也会有疑问句。现在,疑问式标题比以前增多了。据这位博士研究,2006年报纸疑问式标题较之1996年,十年时间增加了近十倍。我本人作大会发言时,呼应了这位博士的发言。我说:"报纸疑问式标题的显著增加,意味着社会公众的批判性思维意识的觉醒和增强。新闻工作者顺应了这样一种社会进步的趋势,更多地使用了疑问式标题。"

但随着疑问式标题的发展,也带来了一些新的问题。例如,有些疑问式标题与内容不吻合,特别是网络新闻标题。有人批评一则时评《清华北大,你为何沉默?》,文章说的是清华北大被香港大学抢走生源。这一标题有质疑批评的意味,但文章的内容却是赞扬清华北大不在意,"气定神闲"。

"心灵鸡汤"批判

有一帖名曰"社会定律"的"心灵鸡汤"说:"如果别人都不对,那就是你自己错了。"这是公然抹杀是非。一加二就是等于三,即使全班50人中49个人说"一加二等于四","一加二等于三"也是正确的。这位算对了的学生,难道因为同学的答案与自己不同,就放弃自己正确的答案?老师看到全班学生都算错了,难道要承认他们都对?这样的"心灵鸡汤"是在故作高深,故弄玄虚。当然,世界上没有绝对真理。任何真理都是相对的。例如,在曲面上,平面几何的定理"三角形内角和等于180°"会失效。曲面上三角形内角和小于或大于180°。但真理是相对的不等于没有真理,否定绝对真理不能滑向相对主义的泥淖。在任何平面上,三角形的内角和等于180°,永远是真理。在哥白尼以前,人们都相信地球是宇宙的中心,人们相信天文学家托勒密的观点。哥白尼认为地球不是宇宙的中心。布鲁诺宣传哥白尼的思想,被罗马教廷烧死在广场上。按照"心灵鸡汤"的说法,难道哥白尼应当放弃自己的观点?戊戌变法失败,谭嗣同慷慨赴死,菜市口英勇就义,看热闹的群众却向他扔烂菜叶和臭鸡蛋。按照"心灵鸡汤"的说法,难道谭嗣同错了?

有学者讲"三乘八等于二十三是中华文化的精髓",也是这样的"心灵鸡汤"。说有一位大师带着弟子游方讲学,走到一个闹市,听到有人争吵。原来是一家布店,有人买布,老板说三八二十四,买者说三八是二十三,两人争执不休。弟子说,三八肯定是二十四。买者愿意打赌,三八二十四就输脑袋;三八二十三弟子就输帽子。他们问大师,大师说,三八就是二十三。弟子只好把帽子给了人家。看热闹的人议论纷纷。弟子事后问师父为什么说三八二十三?师父问他帽子重要还是脑袋重要?说当帽子与脑袋发生冲突的时候,三八就可以是二十三。问题在于,你可以说故事里有禅机,大师宅心仁厚。但无论如何,三八二十三都是抹杀是非,放弃原则。你觉得脑袋比帽子重要,可以不打赌,或者打赌赢了可以不要人家脑袋。但你不能篡改真理,亵渎真理。此其一。要是众人因为大师说三八二十三,就当真认为三八二十三,不就乱套了吗?这样的危害与一个人的利益简直不能相提并论。此其二。用脑袋打赌的人是个混混,这是无赖的行为。让这样的无赖得逞,是在纵容无赖。按照这样的逻辑,如果以这种无赖讹诈人家财物,也得乖乖地给他呗,因为脑袋比财物重要。按照这样的逻辑,有人指鹿为马也只好听之任之,因为不能丢了脑袋。这样荒唐的逻辑,竟然被说成中华文化的精髓!听讲的杨恒均教授说:"我听到这里差一点闭过气去!""如果把这个故事上升到中国文化的层面,这恰恰是整个中国文化挥之不去的糟粕与梦魇啊。世界上有哪一个高深的文化可以灵活到'三八二十三'?这样的文化可能走出人治的死结吗?严谨的科学与法治的现代社会能够在'三八二十三'的潜规则中诞生吗?"

关于多媒体教学

多媒体教学,自然也有媒体语言的问题。多媒体教学自诞生以来,就始终热着。现代化教学手段被看成教学现代化的象征。许多学校规定,凡教学必须用多媒体。有一段时期,许多教学竞赛,多媒体教学有极高的权重,不使用多媒体则一票否决。然而,多媒体教学在相当程度上与课程改革所倡导的自主学习和生成性课堂的理念背道而驰。很多教师热衷于把多媒体课件做得相当精致,而他们对精致的理解又是有偏差的。他们喜欢将教学过程设计得异常精细,教学步骤、教学环节,连具体的教学指令都打在屏幕上。殊不知,这样的教学设计,越精细也就越僵硬。连课堂上简单的生成都困难,哪里又有什么生成性课堂?更有甚者,有的教师在课堂上要求学生齐读他写在多媒体课件上的教学指令,也有的教师将自己总结的课文的主题思想或自己对课文的理解写在课件上,让学生齐读。这是非常荒唐的事情。殊不知,只有课文或其他文质兼美的言语作品,才能让学生齐读。因为学生要通过对典范言语作品的强化感知来体悟语言的深刻规律,才能形成具有再生作用的优质言语模块。我们必须清醒地看到,现代化的教学手段正强有力地阻碍着后现代课程观念的贯彻。

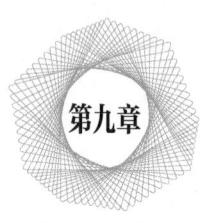

第九章

逻辑思维与语文教育研究

语文教育研究当立足教学实践

语文教育研究应当立足于语文课堂教学实践。教学实践比论文重要,比课题重要。语文教学实践,是语文教育研究的基点,是本,是源。离开了教学实践,语文教育研究就是无源之水,无本之木,论文和课题必定是空洞的。有了《红楼梦》才有红学研究,《红楼梦》的价值一定在红学研究之上。教师的优势就在于教学实践,语文教学的理论应当是从语文教学实践中抽象或提炼出来的。教学的理论应当是从语文教学、数学教学等实践中提炼出来的,教育的理论应当主要是从教学中提炼出来的。有语文教学实践经验的支撑,语文教师的语文教育教学理论才有张力,才有底气,这样的论文和课题更有理论价值。

语文教学实践中应当思考的主要问题是:21世纪以来的语文课程标准提出了哪些语文课程目标和课程内容?语文教材是怎样落实语文课程目标和课程内容的?每篇课文有什么样的语文教育价值?应当如何培养学生的语文素养?这些问题可以形成一个逻辑链条。语文教师的语文教育研究,既要研究自己的教学实践,也要研究别人的教学实践,学习别人的经验,汲取别人的教训,研究不同教学的共性和个性。

语文教学当老老实实引导学生解读课文
——语文教学实践研究案例

课文是语文教学的基本材料和主要凭借。语文教学应当老老实实地引导学生解读课文,从字里行间学习语文。游离课文,游离课文整体的语言表达,势必将语文课上成政治课、科技常识课、泛文化课。有一位教师的《背影》教学,正是泛文化课的典型,且数次在各地示范,影响不小。分析其失误,可以帮助人们端正语文教学思想,促进语文课程改革的健康发展。

1. 游离课文的语言表达,何以理解课文的思想内容?

教师把《背影》的主题解释为"喟叹生命",然而这一主题却不是从课文中读出来的。让我们来看一看"喟叹生命"的结论是如何得出的:

(1)课文中朱家有四个人。

(2)四条生命。

(3)生命的链条:祖母的背影是已逝的,父亲的背影是将逝的。

(4)四次流泪:第一次流泪,祖母死了;第二次流泪,父亲老了;第三次流泪,父亲去了;第四次流泪,父将大去。

(5)生命是脆弱的,短暂的。

(6)本文的主题是喟叹生命。

这里大体上有 6 个环节。第 1 个环节"课文中朱家有四个人",并不等于课文表现了四个人。这样的分析偏离了课文表情达意的中心。课文提到祖母去世,是交代父子车站送别的背景。提到孩子,是写父亲的思念之情:"但最近两年的不见,他终于忘却我的不好,只是惦记着我,惦记着我的儿子。"

第 2 个环节"四条生命",已经游离了课文的语言表达。尽管客观上四个人就是四条生命,但写四个人并不等于写四条生命。按照教师的逻辑,所有写人的文章或作品,都是在写生命,《五朵金花》,岂不就是在写五条生命?《扬州八怪》,岂不就是在写八条生命?

第 3 个环节"生命的链条",也是教师自己的发挥。课文只写了父亲的背影,根本就没有写祖母的背影。按照教师的逻辑，凡是写一家几代人的，都可以说是"生命的链条"。如果学生写《我的一家》，"我的家里有爷爷奶奶、爸爸妈妈和我"，客观上不也是"生命的链条"吗？然而事情客观上怎样与作者表达了什么是两回事。

第4个环节是对"四次流泪"的分析。"第一次流泪，祖母死了"，不准确。课文中完整的句子是："到徐州见着父亲，看见满院狼藉的东西，又想起祖母，不禁簌簌地流下眼泪。"这第一次流泪，恐怕不完全是因为祖母，也有父亲的因素。"第二次流泪，父亲老了"，也有曲解。何以见得不是因父亲对儿子的关爱而感动流泪？从"蹒跚""攀"等词语中固然能读出"老"的意味，但步履蹒跚、动作迟缓的父亲为了儿子，不辞劳苦去买橘子不是更令人感动吗？"第三次流泪，父亲去了"，这里的"去"有歧义。明明是"他的背影混入来来往往的人里"，是分别，用了一个可以理解为"死"的字"去"，就容易造成误解。"第四次流泪，父将大去"也不准确。一是父亲给儿子写信说，不是作者说；二是"大约大去之期不远矣"，有"大约"二字；三是前面还有"我身体平安"的内容，说"大约大去之期不远矣"的理由，只是"膀子疼痛厉害，举箸提笔，诸多不便"。

第5个环节"生命是脆弱的，短暂的"，更是教师自己的发挥，既不是从课文中读出的，也不是从前面的环节推出的。课文中既没有"生命"的字样，也没有"脆弱的，短暂的"的表达。即使是因祖母的死而流泪，难道不是亲情的怀念？即使是第四次流泪，写到父亲"大去之期不远矣"的信，作者表达的仍然是对父亲的思念："唉！我不知何时再能与他相见！"或许作者的亲情背后有对于生命的感悟和思考，但这并不等于作品的立意或主题就是生命的脆弱和短暂。不能因为一说到有人死了，有人生病，就说人家表达了"生命脆弱，短暂"的意思。如果那样，岂不所有悼词的主题都成了"生命是脆弱的，短暂的"？恩格斯《在马克思墓前的讲话》写到了马克思逝世，《为人民服务》写到了张思德的死，难道都是在说"生命是脆弱的，短暂的"？如果那样，医生写的关于如何保护健康的文章，交通运输部门写的提醒公众遵守交通规则，避免交通事故的宣传材料，其主题岂不更是"生命是脆弱的，短暂的"？

第6个环节"本文的主题是喟叹生命"。上述6个环节中，只有从"生命是脆弱的，短暂的"到"喟叹生命"之间有逻辑联系。但遗憾的是，由于"生命是脆弱的,短暂的"并非课文的立意,因而"本文的主题是喟叹生命"的结论也就不能成立。

下面的环节是强化"本文的主题是喟叹生命"这一结论。

(7)"背影"就是"背"加"影"。

(8)《匆匆》。

(9)《陈情表》。

(10)《毁灭》。

(11)自编朱自清的短信:"我的《背影》发表了87年,一直被人们浅读、粗读、误读,只有今天,你们才真正读懂了、读深了、读细了、读对了,因此,我的在天之灵感到由衷的欣慰。谢谢孩子们。"

第7个环节"'背影'就是'背'加'影'",且不说将一个偏正结构分析成并列结构的谬误,即使这样的分析成立,也推不出"本文的主题是喟叹生命"这一结论。第8、9、10这3个环节即使能得出"喟叹生命"的主题,也是从《匆匆》《陈情表》《毁灭》得出的,而不是从课文中得出的。第11个环节是假借朱先生口气,编写短信。但朱先生地下有知,不一定会"欣慰"吧,恐怕是惊讶吧。

文本的思想内容应当从文本的语言表达中读出,这是再普通不过的常识,也是语文教学的底线。课文明明写到"父亲因为事忙,本已说定不送我,叫旅馆里一个熟识的茶房陪同我去。他再三嘱咐茶房,甚是仔细。……他踌躇了一会,终于决定还是自己送我去。""他嘱我路上小心,夜里要警醒些,不要受凉"等内容,这些内容岂是"喟叹生命的脆弱和短暂"所能涵盖的? 游离课文整体的语言表达,何以理解课文的思想内容? 这样不严肃的解读,会给学生很糟糕的影响。

对文本的解读可以是多元的,正所谓"有一千个读者,就有一千个哈姆雷特"。但一千个哈姆雷特也都是哈姆雷特,不能变成李尔王或安东尼。读者对文本可以有不同或独特的感悟,哪怕这些感悟并非作品的主题,并非作者在文本中主要的立意或文本所表达的主要的东西,但却不能将自己独特的感悟来替代作品的主题或作品主要的思想内容。这位教师读了很多书,也善于感悟和思考,是文化修养较高的语文教师。然而文本教学解读的原则出了问题,将自己的感悟误作作品的立意和主题,实在是很遗憾的事情。

2. 游离课文整体的语言表达，何以提高学生的语文素养？

这位教师的《背影》教学，即使得出的结论成立，这样的语文教学仍然是成问题的。因为其教学的主要内容是课文的思想内容，而不是课文的语言形式及其与思想内容的关系；是写了什么，而不是怎样写的和为什么这样写。这样的语文教学，在本质上是"泛文化课"，而不是语文课。这堂课最有价值的是最前面的教学环节：让学生学习课文中的生字。然而遗憾的是，教学未能引导学生仔细地阅读课文，从课文整体的、全面的语言表达理解课文，而是硬将学生引入教师预设的"喟叹生命"的轨道。游离于课文的语言表达之外，游离于课文语言表达的整体性和有机性之外，教学于是也就成了"喟叹生命"的泛文化课。

《义务教育语文课程标准(2011年版)》明确指出："语文课程是一门学习语言文字运用的综合性、实践性课程。"学习语言文字的运用，是语文课程的核心目标。语文教学的主要任务就是要培养学生运用语言文字的能力。语文课程之所以要学习课文，就是要通过文本的言语材料来学习语言文字的运用。正如叶圣陶先生所说："课文无非是个例子。"课文的本质就是语言文字运用的例子。

诚然，语文不仅有工具性，而且有人文性。语文的特点是工具性与人文性的统一，语文是人文工具。但人文性不能成为否定或淡化工具性的理由。语文与政治、历史、地理(政史地)等其他人文课程的根本区别就在于，政史地的主要教学内容在于文本的内容，而语文教学的主要内容在于文本的形式，在于用什么样的语言形式表达思想内容。文何以载道，才是语文教学的大道。诚然，语文课程有其伦理功能，语文课程还有情感态度与价值观的目标。语文课程的基本目标或核心目标在于培养学生理解和运用国家语言文字的能力。在这个意义上，课文首先是个例。因而语言文字的运用，课文的语言形式应当成为语文教学的主要内容。"杨柳依依""桃花灼灼"的主要价值不在于杨柳与桃花的可爱，而在于语言表达：用"依依"状杨柳之婀娜，以"灼灼"状桃花之明艳，生动之至，贴切之至，简洁之至，美妙之至，千百年来无出其右者。

同样，《背影》主要的语文教育价值不在于其思想内容，而在于其语言形式——用什么样的语言形式表达其思想内容。写父子之爱的文章不计其数，《背影》的特殊价值在于写得好，写得动人心弦。作者不写父亲的正面形象，而以背影写父亲对儿子的爱,写儿子对于父爱的理解和愧疚,写儿子对于父亲的爱,立意深刻,别具匠心,从而将父爱永恒地定格在那个为远行的儿子而不辞辛苦地跨过铁道攀上月台去买橘子的黑布马褂青布棉袍的肥胖的背影上,成功地创造了文学史上父爱的经典形象。这对习惯于写"一寸免冠照片"的学生,会有重要的启迪。其谋篇布局,开头以"背影"点题,中间重彩浓墨,描写背影,结尾以"背影"归题,结构工整典雅。其人物描写质朴而又凝重。无论是肖像描写、动作描写、对话描写,还是心理描写,都是炉火纯青,感人至深。《背影》的语文教育价值是丰富而深厚的。这位教师的《背影》教学,置《背影》丰富而深厚的语文教育价值于不顾,蜻蜓点水式地摘取只言片语来标新立异。游离课文整体的语言表达,何以提高学生的语文素养?

这位教师在"喟叹生命"这一主题下组织了《匆匆》《陈情表》《毁灭》等众多材料,课文《背影》只是"喟叹生命"这一话题的由头。在"喟叹生命"的过程中,仅"男人的背"这一环节就用了七八分钟的时间。这还不是典型的泛文化课吗?阅读教学并非不能向课文之外拓展,问题的关键在于要看拓展的内容和目标是什么。引入《匆匆》《陈情表》《毁灭》这些内容,是为了强化"喟叹生命"这一文化话题的。语文教学的拓展,应当着眼于语言文字的运用,以帮助学生更好地理解课文写了什么、怎样写的、为什么这样写。就《背影》的教学拓展而言,如下的内容或许是有益的:

朱自清在关于散文写作答《文艺知识》编者问时说:"我写《背影》,就因为文中所引的父亲的来信里那句话。当时读了父亲的信,真是泪如泉涌。我父亲待我的许多好处,特别是《背影》里所叙的那一回,想起来跟在眼前一般无二。我这篇文只是写实,似乎说不到意境上去。"这一内容是作者本人对作品写作缘由和立意的说明,可以从语用层面帮助学生理解作品的主题——"父亲待我的好处",或者说父亲对儿子的挚爱。

现代文学研究名家李欧梵说:"五四是个反传统的年代,是个'打死父亲'的年代,五四文学的父亲形象都是负面的;而《背影》不同,在中国现代文学作品里,它第一次重点刻画了一位正面的父亲形象。在'满街走着坏爸爸'的情况下,这一个'好爸爸'一下子激起了无数读者的共鸣。"这一内容揭示了《背影》创作的社会文化语境,可以帮助学生更好地理解作品的立意。

清代魏际瑞的《伯子论文》中有:"文章有众人不下手而我偏下手者,有众人下手而我不下手者。"这一内容揭示了文章成功的奥秘,可以帮助学生领悟作品的艺术价值和写作的规律。

作为一位语文教师,这位教师有儒雅幽默的风度、颇具感染力的口才和朗读功夫。遗憾的是,语文教学思路的误区局限了其才华的作用。

3. 离开了学生对课文的解读,何以培养学生自主学习的能力?

课程改革最深刻的思想在于自主学习。教育的人文关怀主要表现为尊重学生的主体地位。培养学生自主学习的能力,应当是教学的重要目标。语文教学要在引导学生解读课文的过程中培养学生自主学习的能力。无论是"填鸭式"还是"牵羊式",都与课程改革的正确方向背道而驰,都有悖于教育的时代精神。

然而,这位教师的《背影》教学,显然违背了自主学习的理念。课文的思想内容不是学生从课文的语言形式中读出来的,而是教师塞给学生的。"四条生命"的故事是教师的理解,不是学生的理解。教师却说让学生"自己鼓励自己",于是学生鼓掌。这是在情感上误导学生,让学生心甘情愿地接受教师思维的误导。

"四条生命""生命的链条",都是教师的发挥,不是学生的理解。

在教学过程中,教师让学生做了填空。从表面上看,这是学生活动,但填空的框架预设太强,限制了学生的思维。关于"四次流泪"的填空与其结果如下:"第一次流泪——祖母(死)了;第二次流泪——父亲(老)了;第三次流泪——父亲(去)了;第四次流泪——父将(大去)。"这一填空预留的括号空间太小,限制了学生的思路。教师还强调,前面的要填一个字,第四次要填两个字。如果空间较大,或者是一条较长的答题线,再或者不是用多媒体打出,而是口头对话,学生对第一次流泪的答案可能是"想起了祖母对自己的爱",第二次流泪的答案可能是"父亲不辞辛苦给儿子买橘子",第三次流泪的答案可能是"父亲的背影混入来来往往的人里"。教学过程中教师提出的许多问题,给学生预留的回答空间都很小,几乎是填空式的。例如:"生命是坚强的,还是——?生命是永恒的,还是——?"教师设计的框架显然是让学生填反义词。"坚强"的反义词是"脆弱","永恒"的反义词是"短暂"。表面上看,这似乎是学生思考的结果,其实是教师给了学生一个思维的陷阱。这与对课文的理解毫不相干,在一个并非《背影》教学的其他情境中,也只能填这样的反义词。

有些问题,甚至教师早就给出了答案。例如:"本文写的是父与子,还是生与死?"在提出这个问题之前,教师已经讲了很长时间的生与死,学生也就只好回答"生与死"了。又如:"第二次流泪是因为买橘子,还是因为爸爸老了?"教师早就讲,爸爸老了,所以流泪。而且板书了"老——流泪"。这样的问题,究竟是启发式还是"牵羊式"?

接下来的教学环节是教师引进《匆匆》《陈情表》《毁灭》等文本。这些文本究竟与《背影》有多大关系?是教师的标新立异需要这些文本,而不是学生学习《背影》需要这些文本。再下面的环节,是教师为了证明课文的主题是"喟叹生命",或许也为了给自己一点自信,而编造了朱自清的短信。而这些,离学生对课文的解读,离学生的自主学习越来越远。

倡导自主学习,并不是说教师不能以自己对课文的理解影响学生。在一般情况下,教师的认知水平高于学生,文化视野比学生开阔,思维能力比学生强,阅读经验比学生丰富,因而对文本的理解优于学生。阅读教学当然要对学生的阅读施加积极的影响,不然也就无所谓"教"了。但正如《义务教育语文课程标准(2011年版)》所指出的那样,"不应以教师的分析来代替学生的阅读实践"。教师的教或积极影响,应当是与学生平等对话,而且应当是学生本位的。先要看一看学生从课文中读出了什么,了解并尊重学生对课文的体验和理解,听听学生的想法,然后解疑答难或者匡正,将学生的思维引向深入。而不是教师预先设计好一个狭窄的思维胡同让学生往里面钻,更不能将教师的观点生硬地塞给学生。同时对学生思维误区或错误理解的匡正,必须是以理服人的,必须说明学生的理解为什么不对,错在哪里,让学生在纠正错误或走出误区的过程中获得认识的升华或思想的飞跃。

这位教师教态亲切,有亲和力,再加上较高的文化修养和语言表达能力,应该是可以创造一堂预设与生成高度统一的、自主学习的高效课堂的。遗憾的是,他的《背影》教学,并没有引导学生自己从字里行间解读课文。离开了学生对课文的自主的解读过程,何以培养学生自主学习的能力?

逻辑思维与语文教育

学术论文是语文教育研究的基本方式

教育是艺术，但首先是科学。语文教育也是科学。语文教育实践应当是科学实践，语文教师应当学者化。学术研究是语文教师学者化和语文教育实践科学化的必由之路。没有学术研究的教学实践必定是盲目实践，不会有好的教学效果，那样的教学实践也不会有理论价值。语文教师的学术研究应当读理论著作，将其作为学术研究的基础。但更重要的或者说更常态化的学术研究应当是论文研究。课程改革中的语文教育研究更应当重视论文研究，要及时地读相关论文，了解别人在想什么、说什么、做什么。还要写论文，与同行有经常的学术交流，要思考别人说的观点对不对、论证是否成立。如果错了，错在哪里，我怎样反驳；如果观点是对的，论证不成立，不合逻辑，就可以思考，我是不是可以作合乎逻辑的论证；如果论据不够充分，我是不是可以提供更有价值的论据。这些思考都是写论文的重要思路。

凭什么否定"议论文三要素"？
——学术论文研究案例

2012年的《语文建设》开展了关于"议论文三要素"的讨论，这一讨论的意义在于重视议论文教学，其背后的预设是重视文体。这一讨论是从《试论"议论文三要素"之弊害》（以下简称《试论》）一文开始的。该文的主要观点是否定"议论文三要素"，即认为不应当把论点、论据、论证方式（作者的表述是"论点""论据""论证"）作为"议论文三要素"。然而，《试论》提出的所有理由，都不能证明应当否定"议论文三要素"，即无法得出"不应当把论点、论据、论证方式作为'议论文三要素'"这一结论。

1. 历时久远的知识就应当否定吗？

《试论》否定"议论文三要素"的第1个理由是："议论文三要素"是"老掉牙的知识"。

这一批评的不成立是显而易见的。"老掉牙"不是一个学术用语,其所指无非是"议论文三要素"这项知识历时久远。先不说"议论文三要素"的知识时间并不久远,正如作者所说,才大半个世纪。问题的根本在于,历时久远并不能成为一项知识应当被废弃的理由。诚然,从宏观上说,人类的知识总是不断发展的,错误的知识得到改正,肤浅的知识得到深化,粗陋的知识得到完善。但从微观上说,真理与谬误并不以新旧、不以时间长短为标准。"毕达哥拉斯定理"(或称"勾股定理")、"三段论"历经数千年,已成为文化常识,人类并未弃之不用。而"永动机",在刚刚提出的那一刻便注定了谬误的命运。知识需要创新,但任何思想只有合乎规律才能成为真理。人类不是为创新而创新,而是为了把握真理而创新。如果有谁为了标新立异,硬要说"毕达哥拉斯定理错了",那一定是谬论。

2. 没有论点哪来有较高逼真度的论点?

《试论》否定"议论文三要素"的第2个理由是:"议论文本不是有'论点'就成,它需要的不是任意的'论点',而是'具有较高逼真度的论点'或'新论点'。"

议论文应当有较高逼真度的论点,好的议论文必须论点真实,这是对的。然而,议论文应当"具有较高逼真度的论点"本身就预设了"论点是衡量议论文好坏的一个要点",就等于承认论点是议论文的一个要素。如果有谁一面说鼻子挺直的人才好看,一面又说鼻子不是衡量相貌的一个要素,那不是自己跟自己打架吗?

文章还说:"'三要素'俱全未必就是好的议论文,有的很可能是最差的'议论文';'三要素'不全未必不是好的议论文,有的可能是很好的议论文。"诚然,三要素俱全未必就是好的议论文,有的可能是很差的议论文,但毕竟是议论文。而三要素不全却一定不是好的议论文,连议论文都不是,怎么能是好的议论文呢?文章混淆了"优质事物的要素"与"事物的要素"这两个不同的概念。有较高逼真度的论点或真实的论点可以作为好议论文的要素,而不能作为议论文的要素。论点才是议论文的要素。大家知道,正如人物形象是小说的要素,而鲜明的、丰满的人物形象只能是好小说的要素,不能作为小说的要素。

所谓要素,就是构成事物的必要因素。"议论文三要素"就是构成议论文的必要因素:没有论点,没有要表达的观点或主张,文章就失去了意义;没有论据,没有理由,便无以确定论题的真实性,无法使人相信作者的论点;没有论证方式,不形成论证结构,论点和论据就失去了有机联系,就是几个单摆浮搁的命题或句子。

3. 没有论据的议论文只能是自说自话

《试论》否定"议论文三要素"的第3个理由是:"它(指论据)是'论证'方法中'例证法''引用法'之下的概念,所以,顶多只能称为'论证'方法中'例证法''引证法'的要素,而不是议论文的要素。"

这是对"论据"这一概念的误解,把"论据"局限于例子和引言了。论据是用来确定论点真实性的理由。例如,在"铁是导体,因为金属是导体,而铁是金属"这一论证中,"金属是导体"和"铁是金属"就是论据。然而它们既不是所谓"例证法"的例子,也不是所谓"引证法"的引言,因此既不是"例证法"的要素,也不是"引证法"的要素。把论据作为议论文的一个要素,就是强调论据在议论文中的不可或缺。没有论据的议论文,不提供理由的议论文只能是自说自话。缺少与读者对话的诚意,也就无法让读者接受所要阐述的观点或主张。

顺便指出,"例证法"和"引证法"的名称不好。所谓"例证法"其实就是归纳法中的不完全归纳或简单枚举。所谓"引证法",其实就是引用的修辞方法在议论文中的运用。

4. "论证方式"不应省略为"论证"

《试论》否定"议论文三要素"的第4个理由是:"论证"是动词,而"论点""论据"是名词。

这同样是一种误解。"议论文三要素"指的是"论点""论据""论证方式"。而从词性上说,"论点""论据""论证方式"都是名词。有人把"论证方式"省略为"论证",这样的省略不好,容易引起误解。"论证"指的是一种思维过程和言语行为。论点、论据、论证方式是论证的三要素,语文课程引入其作为"议论文三要素",因为一篇议论文,就是一个较为复杂的论证过程。

5. 何以见得"议论文三要素"是向论证方式倾斜的?

《试论》否定"议论文三要素"的第5个理由是:"'三要素'的重心是向'论证'倾斜的。"

上文说到，这里的"论证"是"论证方式"的不恰当省略。问题在于，"议论文三要素"只是规定论点、论据、论证方式是议论文的三个要素，何以见得是向论证方式倾斜的呢？议论文作为一个复杂的论证过程，其逻辑重心恰恰在于论点的真实性。《试论》认为论证的中心向论证方式倾斜，是因为混淆了论证与推理两个不同的思维过程。文章说："'议论文三要素'，是误将'推理形式'当成'认知方法'。"显然，作者将论证形式误认为推理形式。谁说推理形式是议论文的要素啦？诚然，推理的逻辑重心在于推理形式的有效性和合理性。因为推理是思维工具，重视推理形式的有效性，是为了坚持推理的保真性，即从真实的前提得出真实的结论。论证是推理的应用，但论证却不是思维工具。作为一种思维过程和言语方式，论证的作用在于宣传真理或捍卫真理。因此，论证的逻辑重心历来在于论点的真实性。

6."议论文三要素"并不否定材料的价值

《试论》否定"议论文三要素"的第6个理由是："材料意识缺乏"。

"议论文三要素"只是说论点、论据、论证方式是议论文的三个要素，何以见得缺乏材料意识？正如说桌子面和桌子腿是桌子的要素，何曾否定桌子材料的价值？

文章说："'三要素'思维是'论点'先行的，是以'论点'为原点的思维，而议论体式写作的原点不是'论点'，而应是'材料'。""议论文三要素"只是说论点、论据、论证方式是议论文的三个要素，何以见得论点先于材料？即使是论点先行，也是指论点先于论据，而并非论点先于材料。这里同样混淆了推理认知与论证表达两个不同的思维过程。就推理认知而言，当然是材料在先，在材料中提取前提，推出结论。而就论证表达而言，就应当先确立论点，然后为论点提供论据。这两个思维过程是相互连接和辩证运动的。思维主体从材料中推出结论，获得认知，才能将结论转化为论点。论点确定了，再来提供论据。这里的论据可能是原有材料中的，也可能是其他材料中的。

7.论点与论据应当是矛盾的吗？

《试论》否定"议论文三要素"的第7个理由是："'议论文三要素'的着眼点是论点与论据的统一，而不是矛盾。"

这样的说法令人莫名其妙。难道论点与论据不应当统一，反而应当是矛盾的吗？论点与论据相矛盾，岂不是自己跟自己打架？我宁可相信这不是作者的本意，而是表达有误。因为作者下面说得对："任何事物都包含着矛盾，都是对立统一体，多元统一体。"作者的本意在于提醒人们，事物是矛盾的，因而不能提出片面的、绝对化的论点。即使如此，这能证明论点、论据、论证方式的"议论文三要素"错了吗？这里，仍然有混淆论证表达与推理认知两个不同思维过程的问题。注意事物的矛盾性，避免得出片面的结论，这是推理认知阶段的事情。逻辑学从来都提醒人们，在归纳的时候应当注意反例，一旦发现反例，就要推翻认知过程中错误的尝试性结论，将错误的结论调整为正确的结论。而到了写议论文的时候，到了论证表达阶段，就是要把支持论点的论据表达清楚，以便更好地说服读者。因此当然要强调论点与论据的统一。

8. "议论文三要素"何以见得遗忘了驳论？

《试论》否定"议论文三要素"的第 8 个理由是："证伪的缺席：驳论的遗忘"。

作者引用了卡尔·波普尔的论述，说明证伪的重要和驳论的重要，这是正确的。但是，证伪的重要和驳论的重要，并不能得出论点、论据、论证方式的"议论文三要素"错了。所谓驳论，就是对论证的反驳。驳论是指向立论的。驳论不仅可以反驳对方的论点，还可以反驳对方的论据或反驳对方的论证方式。"议论文三要素"的论点、论据、论证方式，既指明了立论的关键，同样指明了驳论的要点。怎么能说"议论文三要素"是只管立论不管驳论的呢？因此，《试论》指责"议论文三要素"证伪缺席，遗忘驳论，是不能成立的。

9. 说理的根本就在于论证

《试论》否定"议论文三要素"的第 9 个理由是："以偏概全"。其依据是"论证"只是"说理方法之一"。

这里的"说理方法"并非严格的学术概念，缺乏明确的内涵和外延。文章举出的"说理方法"有界定、阐释、阐述、分类、比较、论述、同中求异、异中求同。其实，这些方法有的就是论证方式的下位概念，并非论证以外的"说理方法"。例如，同中求异和异中求同，这是五种探明因果联系的归纳方法中的两种，在论证中使用这些方法,就是归纳论证。有些方法可以为论证服务,也不是与论证并列的"说理方法",例如"界定",其实就是明确概念的逻辑方法"定义",在议论文中可以用来明确论点或论据,因为论点或论据作为命题是由概念构成的。有些方法既可以用于论证,也可以用于其他方面,例如,分类和比较就可以作为两种说明方法,既不是独立的"说理方法",更不是与论证相并列的"说理方法"。而且,这些方法在一篇具体的议论文中并不是必需的,可以用,也可以不用。哪里有什么以偏概全?

说理的本质就在于论证,也就是以一定的论证方式,用论据来支持论点。离开了论证还能有什么独立的"说理方法"? 对自己的观点不提供理由,不以论据来支持论点,那还叫说理吗? 对思想进行论证,是人类文化了不起的进步。是论证成全了知识的确证,即人们凭什么相信一个命题或一个思想是真理的问题。有了论证,社会才能卓有成效地进行真正意义上的思想交流。如果没有论证,每个人都以为自己把握了真理,就只能是公说公有理,婆说婆有理,谁也说服不了谁。

10. 不能以辩证思维否定逻辑思维

《试论》否定"议论文三要素"的第 10 个理由是:"'三要素'属于'形式逻辑'范畴",而议论文本写作的运思,与其认知方法"相匹配的应是辩证逻辑"。

以辩证思维来否定逻辑思维的价值,这是一个根本性的错误。这里的"辩证逻辑",所指其实是辩证法。逻辑或形式逻辑是人类长期思维实践最重要的经验总结和理论成果,是思维的基本法则。辩证思维也不能违背逻辑的法则。例如,"失败是成功之母"就有辩证思维(否则失败就是失败,或失败是失败之母),但失败之所以能转化为成功,离不开对失败原因和成功条件的逻辑分析。甚至文学创作从根本上说也离不开逻辑思维。钱锺书说得好:"理之在诗,如水中盐,蜜中花,体匿性存,无痕有味。"议论文,作为典型的理性表达,当然更需要逻辑思维,这是毋庸置疑的。议论文需要辩证法,这是正确的,但怎么能够由此得出逻辑思维不重要的结论呢? 我赞赏作者对理性的坚持与倡导,而逻辑正是人类不可或缺的最重要的理性工具。对逻辑法则的遵从和敬畏,更是价值理性的重要内容。

11. 静态的知识就应当否定吗?

《试论》否定"议论文三要素"的第 11 个理由是:"文本要素是静态的,阅读

(行为)要素是动态的。"

学生需要动态的知识,需要阅读和写作议论文的动态知识,但这不能成为否定静态知识,否定"议论文三要素"的理由。勾股定理是静态的,小说三要素也是静态的,人们并未因其静态而否定它。静态的知识可以作为动态知识的基础。就议论文阅读而言,把握了"议论文三要素",就把握了文章最主要的东西,就可以以简驭繁;就议论文的写作而言,把握了"议论文三要素",即把握了议论文的基本规范和努力方向。

12. 性质不能作为事物的要素

综上所述,《试论》一文并没有能够得出应当否定论点、论据、论证方式的"议论文三要素"的结论。即使论点、论据、论证方式的"议论文三要素"真的错了,但《试论》却没有能够证明这一点。作者又在《语文建设》2012第6期上发表了《"议论文三要素"的重构》一文(以下简称《重构》)。该文将"价值性""发现性""说服性"作为"议论文三要素"。我们要问的是:"价值性""发现性""说服性"可以作为议论文的要素吗?回答应当是否定的:"价值性""发现性""说服性"不能作为议论文的要素,因为性质不能作为事物的要素。

上文说到,所谓要素,就是构成事物的必要因素。要素,必须是事物的因素或元素,应当是结构性的成分,是实体性的东西。水的要素是氢和氧;桌子的要素是桌子面和桌子腿;饺子的要素是饺子皮和饺子馅;语言的要素是语音、词汇和语法。按照北京大学陈波教授的说法,要素必须是"拆开来是里面的玩意儿"。性质不能作为事物的要素,这应当是哲学的常识。"价值性""发现性""说服性"这是一些功能性或评价性的概念,而要素应当是可以产生功能的东西,是作为评价对象的东西。比如,美观性、坚固性可以作为对桌子的评价,却不是桌子的要素。音乐性、节奏性可以作为对语言的评价,却不是语言的要素。有谁会把美观性、坚固性作为桌子的要素呢?又有谁会把音乐性、节奏性作为语言的要素呢?

事物的要素之所以应当是实体性成分而不是性质,正是为了人们可以对要素赋予不同的性质、特征或功能,可以对具体事物的要素作出评价。例如,我们说饺子馅是饺子的要素,有人可以要求饺子馅鲜,有人可以要求饺子馅香,有人可以希望饺子馅腻,有人希望饺子馅清淡。人们也可以评价这个饺子馅太稀,那个饺子馅太干。如果把"腻"作为饺子的要素,人们就无法将清淡的性质特征附着在这一要素上,总不能说"我喜欢清淡的腻"吧?如果把"香"作为饺子的要素,人们也无法评价这一要素,总不能说"这个饺子的香太干"吧?

事物的要素之所以应当是成分而不是性质,还因为要素应当揭示事物的结构。语言的三要素是语音、词汇、语法,这三者明确地揭示了语言的结构。具体事物结构要素的多少也是由事物本身的特质所确定的。语音、词汇、语法这三个要素对于语言来说,既不能少,也不能多。议论文同样如此。论点、论据、论证方式的"议论文三要素"明确地揭示了议论文作为论证的基本结构,三个要素既不能少,也不能多。而将"价值性""发现性""说服性"作为议论文的要素,无法解释议论文的结构特征。也正因为这样的要求不是由议论文的结构特征决定的,因此提出多少要求,提出什么样的要求,也就因人而异。你提出三个,他提出四个;你是这样的三个,他是那样的三个,难以达成共识。

13.《试论》和《重构》的合理因素

尽管《试论》和《重构》的基本观点是错误的,但文章当中有一些合理因素,甚至很有价值的思想。

首先是对议论文教学的重视:"议论文的教学是语文教育的最重要的部分,承载了世界观与方法论教育的重任。"当年茅盾的小学老师出的作文题,议论文是很多的,如"论文不爱才武不惜死""武侯治蜀论""宋太祖杯酒释兵权论"等,国外的作文有"谁该对'二战'负责?"之类的题目。在过分强调情感、文学,或者追求热闹的当下,存在着议论文教学被淡化的倾向。议论文教学既不能用音乐,又不能用绘画,既没有故事情节,又没有环境描写,不少教师觉得没有讲头,甚至有些偏爱文学的教师本身就不喜欢议论文。作者的观点不仅正确,而且有针对性。

重视议论文的预设是重视文体。当下不少考试作文不限文体,许多学生对记叙文、说明文、议论文的基本规范缺乏起码的认识。

作者对驳论的重视也是正确的。驳论往往比立论有更鲜明的针对性,更能促进思想的恰当性和深度,对于培养质疑和反思的批判性思维和追求真理的人格有更重要的价值。与此相关,作者主张在立论时应当"对论点作自我反驳与证伪",更是真知灼见。

无论是企图否定本来的"议论文三要素",还是企图重构"议论文三要素",也都预设了对议论文基础、对建设语文课程内容体系的重视。这比那些认为"议论文三要素"无足轻重、对语文课程内容的基本建设不屑一顾的糊涂观念好得多。

作者对议论文教学某些现状的批评也是中肯的。例如,许多学生习惯于堆砌事实论据,缺乏理论分析,命题陈旧,老生常谈等。作者关于论点应当有较高逼真度、有发现性的思想也是很好的价值追求。

14. 基础教育的评价原则应当是底线评价

问题在于,选题的价值性、立论的发现性,与议论文写作的基本规范哪个更重要,哪个更具有先决的意义。《试论》说:"是否有论点不重要,重要的是有什么样的论点。"如果连论点都没有,无论"什么样"的论点都没有,又哪里会有好的论点,有较高逼真度的论点,有发现性的论点?离开了议论文写作的基本规范,不强调议论文写作必须提炼明确的论点,有较高逼真度的论点、发现性的论点只能是空中楼阁或海市蜃楼。

在讨论有关基础教育的问题时,我们不能忘了基础教育的底线评价原则。诚如杨启亮教授所言,顶线评价正在造成我国基础教育健康发展的瓶颈。"顶线评价实际上是在基础教育中演绎高等教育特征,所以异化了基础教育的基础性。"[1]杨启亮指出,按照底线评价的原则,基础教育教学创新的品格应当是"普适与朴素"。基础教育的基本任务是为学生的发展打好基础。语文教学的基本任务就是要引导学生学习语文的基础知识,培养语文的基本能力,建构语文的基本素养。议论文教学的基本任务就是要教学生议论文阅读和写作的基本规范。梁启超说:"教人作文当以结构为主。"论点、论据、论证方式的"议论文三要素"正是议论文的基本结构,正是议论文阅读写作规范的基点。在这一基点上,便是论证的规则:论点应当明确、论点应当保持同一、论据应当真实、论据的真实不依赖于论点的真实、论据应当能够推出论点。在这样的基础上,才能倡导选题的价值性和立论的发现性。

就语文课程的基本内容而言,我们需要强调的恰恰是作者所反对的"形式",

---

[1] 杨启亮.杨启亮教育文集(全三卷)[M].南京:南京师范大学出版社,2018:717.

因为语文的规律更多地表现在形式中，表现在语言形式和文章形式中。比如记叙文六要素，就是记叙文的基本规范。因为任何事情都必须发生在一定的时间和空间，都一定有其原因和结果。这样的基本规范，不仅有方法论的意义，而且有世界观的意义。

《义务教育语文课程标准（2011年版）》关于议论文阅读的目标是"区分观点与材料，发现观点与材料之间的联系"，写作的目标是"做到观点明确，有理有据"。这样的表述虽然较为简单，但毕竟把握了最主要的东西。

优化语文教学思想是语文教育研究的核心

语文教育研究的根本意义在于教师发展，而教师发展的核心在于优化语文教学思想。优化语文教学思想，上接一般教育教学理论和语文课程目标，下接语文教学实践和学生语文素养培养提升的实际状况。理想的语文教学思想应当形成一个系统。或者说，语文教师对于自己的语文教学思想，应当胸有成竹。这样的语文教学思想应当力求明朗，随时能说清楚，或写清楚。这样的语文教学思想应当有具体的课例作为支撑。一位优秀的语文教师，至少应当能拿出一堂甚至三五堂经得起质疑和推敲的优秀课例，并且能够对这样的优秀课例作出自己的科学解释或理论阐释。

把握语文教育的本质

《语文建设》开展"真语文"的讨论，这是一件好事。人们也许会问，什么是"真语文"？其实，"真语文"就是"语文"。在一般语义层面上，"真语文"与"语文"这两个语词含义相同，"语文"是什么，"真语文"就是什么。"真语文"与"语文"的区别在于语用层面："真语文"是针对"假语文"而言的。正如真假美猴王，真美猴王就是美猴王，之所以要叫真美猴王，是因为出现了假美猴王。"真语文"的讨论，其价值就在于引导人们思考并把握语文课程的本质，反思并拒绝那些假语文，从而提高语文教学的质量，并推动语文课程改革的健康发展。

语文教育的本质是什么？

语文教育的本质在于培养和提高学生理解和运用国家语言文字的能力。这是语文课程的基本目标,或者说是语文学科设科的基本出发点。因此,课文的语言形式应当是语文教学的主要内容,课文或文章是形式与内容的统一。但语文教学中形式与内容的关系与社会上一般人读文章时形式与内容的关系是不一样的。一般人读文章,重在文章的内容。比如地方日报上有一则停水的通知,人们关心的是什么时候开始停水,什么时候恢复供水,而不太在意文章的形式。甚至读一部小说,一般人关心的是人物的性格和命运的发展,而不太在意小说的文学特色或语言形式。但在语文教学中情况发生了变化。要培养学生的语文能力,就必须重视课文的语言形式,课文的语言形式成了教学的主要内容。这就是语文课程中形式与内容的辩证法。正如书法:一首唐诗,可以用柳体写,也可以用欧体写,唐诗是内容,柳体或欧体是形式;但当我们研究书法艺术的时候,情况就发生了变化,当我们研究柳体书法艺术的时候,柳体书法艺术就成了研究的内容。柳体书法艺术既可以通过一首唐诗来表现,也可以通过一首宋词来表现,而唐诗或宋词成了柳体书法艺术赖以存在的形式了。再如烹调:一条鱼可以清蒸,也可以红烧,鱼是内容,清蒸或红烧是形式;但当我们研究或品尝烹调艺术的时候,情况也发生了变化,比如品尝川菜,吃的也许是鱼,也许是鸡,川菜的烹调艺术成了我们品尝的内容,鱼或鸡成了川菜烹调艺术赖以存在的形式了。语文课程中形式与内容的辩证关系也正如此。

明白了这一点,我们就知道,语文教学就应当引导学生认真学习课文的语言形式,在课文的语言形式中汲取作者的言语智慧,课文的思想内容也必须从课文的语言形式中读出来。明白了这一点,我们就知道,没完没了地讨论文本内容或文化内涵的语文课是假语文。游离了课文的语言形式,也就背离了语文课程的本质,那样的语文课其实已经不是语文课,而是政治思想课、科技常识课或泛文化课。一位语文教师教学《中国石拱桥》,不教说明文的知识,不培养说明文的阅读和写作能力,事先向茅以升先生写信,请教二十八道拱圈的力学原理,上课就讲这些力学原理,留的作业是"为家乡设计一座石拱桥"。这哪里是语文课?这就是科技课,简直是桥梁建筑的专业课。一位语文教师教学邹韬奋的《我的母亲》,不厌其烦地进行母爱教育,课前还不辞辛苦地写了《我的父亲》印发给学生,因为他觉得,不如此就不足以充分地进行亲情教育。这样的语文课就是假语文,是典型的思想教育课。这位教师就是不知道引导学生学习作者是怎样表达亲情的。例如课文的倒数第 2 自然段，作者说："母亲死的时候才二十九岁。"这里的"才"这个状语很重要，很好地表达了作者对母亲英年早逝的惋惜之情，没有这个状语，就太平淡。状语重要，还要用得恰当，否则还不如不用，要不把"才"换成"已经"试试？语文课学习这些内容，正可以有效地提高学生的语文素养。而有的教师却上成了思想教育课。一位教师教学《武松打虎》，让学生讨论老虎该不该打，有的学生说不该打，因为老虎是国家保护动物，有的学生说该打，因为不打它会吃人的。这样的语文课是泛文化课，也是假语文。这位教师不知道，《武松打虎》的价值至少在于让学生懂得文似看山不喜平的道理，学会把事情写得曲折，有波澜。

之所以有不少人将语文课上成了政治思想课、科技常识课、泛文化课，是因为他们误解了语文课程的人文性，误解了人文性与工具性的关系，误解了语文课程的本质。课程改革之初，有一个被专家推崇的课例《本命年的回想》：课前，教师布置学生向村子里的老人了解过年的风俗，课堂上就讨论过年的风俗。推崇这一课例的专家说："学习语文就是学习文化。"这句话似乎没有错，但对于我们把握语文课程的特质没有任何意义，反而会引起误解。那么多的泛文化课或许正是这种误解的表现。人们也可以说，"学习数学就是学习文化""学习历史就是学习文化"，那么语文与数学、历史的差异何在？"学习语文就是学习文化"，问题是："学习文化就是学习语文"吗？如果学习文化就是学习语文，如果过年的风俗之类的文化就是语文，那么山村里面那些没有上过学的老头儿、老太太，他们的语文水平就是很高的了？那我们办学校、编语文教材、上语文课干什么？这种似是而非的说法误导了很多人，在语文课程改革中造成了很不好的影响。

当我们强调课文语言形式的时候，有人会问："那你还要不要课文的思想内容？还要不要情感态度与价值观？"回答是：当然要。任何课文都有思想内容，任何课文都有情感态度与价值观。因此语文课程必然具有并且必须重视其伦理功能或思想教育功能。有学者的统计资料表明，对于人的成长和发展，智商的作用约 30%，而情商的作用约 70%。重视情商，重视情感态度与价值观，是教育的进步，是当代教育重要的价值取向，也是课程改革的正确方向。正因为如此，《义务教育语文课程标准（2011 年版）》提出了语文课程的人文性。也正因为如此，语文教材必须选择那些文质兼美的篇目作为课文。情感态度与价值观是语文素养建构不可或缺的要素,情感态度与价值观对于语言能力的形成和发展具有重要的影响和制约。一个思想贫乏的人不可能有丰富的语言,一个情感淡漠的人不可能写出感人至深的文章,一个缺乏诚挚的人其语言不可能有很高的可信度,一个价值观念浅薄的人不可能有深刻的语言表达。也正因为如此,我们同样反对离开课文的语境,孤立地讲授语言知识和贴标签式的机械练习。阅读教学必须在明白"写了什么"的基础上来思考"怎样写的",也是这个道理,因为离开了一定的思想内容,文章语言形式的成败得失和高雅俚俗也就说不清。语文教学有两个主要的错误倾向,一是游离文本进行泛文化讨论,一是孤立地讲授语言知识。前者的错误在于忘记了语文课程的根本任务在于建构学生的语言世界,后者的错误在于不明白语言世界必须通过语言世界与生活世界的关系才能建构起来,离开了语言世界与生活世界的关系,即使表面上建构起来的语言世界也必然是苍白的,空洞的。

我们肯定情感态度与价值观的意义与批评将语文课上成政治思想课、科技常识课和泛文化课的假语文并不矛盾。问题在于:第一,情感态度与价值观对于基础教育的任何一个学科都不是最本质的东西。语文课程的人文性是附着于工具性的,"工具性与人文性的统一"是说语文是表情达意的人文工具。第二,情感态度与价值观不是和知识与能力相并列的内容。正如课标所说,知识与能力、过程与方法、情感态度与价值观是三个维度,三者构成了一个立体。教学设计中将情感目标与知识能力目标分立的做法是不恰当的。第三,思想教育、情感态度与价值观的培养,应当是潜移默化的,应当渗透到听说读写的语文活动中去,而不是外加香油一勺。第四,游离课文的语言形式,讨论文化内涵,是喧宾夺主,是不务正业,是典型的假语文,是当下阻碍语文课程改革健康发展的主要弊端。第五,课文的思想内容必须引导学生从字里行间读出来,而不应当由教师告诉学生,这是语文教学的底线,是区别真语文与假语文的分水岭。《义务教育语文课程标准(2011年版)》明确提出"语文课程是一门学习语言文字运用的综合性、实践性课程",这一表述具有拨乱反正的意义,这是近十年来中国语文教育最了不起的进步。

既然课文的语言形式应当是语文教学的主要内容,那么语文教材就应当坚持文体组元的优良传统。课程改革语文实验教材多采用文化主题组元的体例,这是一个误区。以统编版教材之前的初中语文实验教材为例,语文版(语文出版社版本)坚持文体组元,而其他版本多为主题组元。主题组元存在着无法克服的矛盾和弊端：第一，选择哪些主题？文化主题是非常丰富的，而一册教材六七个单元，一套教材三四十个单元，要哪些主题，不要哪些主题，理由何在，谁说得清？第二，主题之间的序列如何安排，理由何在，谁说得清？之所以说不清，就是因为文化主题并非出于语文的本质，不能体现语文的本质。第三，表面上是重视了文化主题，其实却局限了文化主题，因为一个单元四五篇课文只能是一个主题。放开这种局限，每篇课文有不同的文化主题，岂不更加丰富多彩？第四，一个单元中的几篇选文，原本不是为这个主题写的，各有其特定的思想情感，现在笼统地确定一个主题，在某种程度上可能对学生产生误导，并让学生养成浅尝辄止、不求甚解的坏习惯。第五，与自主学习的理念背道而驰。按照自主学习的理念，课文的主题，课文的思想情感，应当引导学生从课文的语言形式中，从字里行间读出来。可主题组元的教材，在学生阅读课文之前，就已经把主题告诉他了，这是以编者的阅读代替学生的阅读。

文体组元的合理性就在于体现了语文课程的本质，遵循了学生学习语文的规律，把握了课文语言形式这一语文教学的主要内容。因为，文体正是文章最大的语言形式或曰语篇样式。文体正是课文语言形式的主导因素，课文语言形式的其他因素都受到问题这一主导因素的影响和制约。例如句式的长短，记叙文多短句，议论文多长句。因为记叙文要呈现事情的进展，要有鲜明的节奏和生动的状态，句子不宜太长，太拖沓，而议论文要表达严密的思想，就要有许多定语、状语，甚至以句子形式作为句子成分，要用复句，甚至多重复句。再如修辞格，记叙文多用比喻、拟人、夸张等，这是出于生动形象的需要，议论文多用对比、排比、设问、反问等，这是出于思想鲜明、深刻、流畅的需要。把握了文体，就把握了课文语言形式的主导因素，其他因素就可以迎刃而解。文体组元正可以以简驭繁，因而也就便于教学。在课程改革之初，语文版教材在开发许多体现时代精神和先进价值观念的优秀选文的同时能够坚持文体组元，表现了难能可贵的学术信念和学术勇气。目前，统编版教材中已有一定比例的文体组元，但我建议语文教材应当认真反思，回归文体组元的优良传统，还要继续加大比例。

既然课文的语言形式应当是语文教学的主要内容，那么，语文教师解读文本的能力就显得尤为重要。语文教师应当善于发现字里行间的妙处，善于把握文本的语文教育价值。语文教师只有自己会读书，才能教会学生读书，只有自己会写文章,才能教会学生写文章。遗憾的是,时下,文本解读能力的低下正在成为语文课程改革健康发展和语文教师专业发展的瓶颈。我们曾经作过这方面的调查:在没有任何参考资料的情况下,作为骨干教师的国培班学员,近半数不能恰如其分地分析文本的立意,对于文本的语言表达,更是缺少应有的专业敏感,多数不能丝丝入扣地进行具体分析,而只能干巴巴地概括几个所谓的写作特点。对《列子·汤问》中的《两小儿辩日》,他们说不清两小儿的争辩胜负如何;对朱自清的《春》,他们看不出第2自然段的妙处;对《吕氏春秋·察传》第1自然段,他们说不清句与句之间的关系。把语文课上成泛文化课,既有语文教学思想的误区,也有文本解读能力薄弱的制约,而且两者很可能互为因果。重思想内容轻语言形式的语文教学思想误区遮蔽了文本解读能力的重要性。而文本解读能力的薄弱也使得许多语文教师更喜欢讨论课文的文化内涵。

　　课程改革的一个重要成就是,教师参与教学研讨和学术讨论的热情空前高涨。但十年来,在通识主义教师培训的影响下,语文教师学习和研究的兴奋点往往在于怎样教,而不在于教什么。课程与教学论研究生入学考试,不分具体课程的统考也在强化只研究怎样教而不研究教什么的误区。其实,内容决定形式是基本的哲学常识,教什么远比怎样教重要得多。语文教师应当首先是一个语文人。一个具有良好文字功底,对语言文字有独特敏感并有深厚语言学理论修养的人才能从容地成为一名优秀的语文教师。这个道理再简单不过了。人们是愿意跟一个教育学博士毕业却不会炒菜的人学烹调,还是宁可跟一个不太懂教育,却很会炒菜的人学烹调?一位校长是更愿意让一位数学教师来教语文,还是更愿意让一位作家或具有良好文字功底的编辑或记者来教语文?学生的厌学有两个重要原因,一个是课业负担过重,另一个就是学生在课堂上感受不到该学科的魅力。只有那些有着深厚语文功底的语文教师才能充分展示语文的魅力,激发学生学习语文的巨大热情。上海郑桂华老师的语文课,学生始终兴趣盎然,就是因为郑老师引导学生畅游在课文的字里行间。无锡的赵宪宇老师到农民工子弟学校上课,下课铃响了,好几位学生异口同声地说:"老师,不下课!"其奥妙同样在于学生在字里行间汲取了赵老师的言语智慧。有这样的语文教师,有这样的语文课,学生怎么会学不好语文呢?